【登场历史人物时间轴】

夏	商	西周	东周	秦	西汉	东汉	三国	西晋	东晋	南北朝
妹喜	妇好 / 妲己	褒姒	息妫 / 南子	扶苏 / 赵高 / 魏美人 / 虞姬 / 西施 / 子婴 / 宣太后 / 赵姬	吕后 / 戚夫人 / 审食其 / 张嫣 / 卫子夫 / 刘嫖 / 赵飞燕 / 闫姬 / 陈阿娇 / 上官氏 / 薄太后 / 钩弋夫人 / 薄氏 / 王政君 / 司马迁 / 王昭君 / 王娡 / 班婕妤	阴丽华 / 郭女王 / 蔡伦 / 董贤 / 窦漪房 / 曹腾 / 张让 / 曹操 / 甘夫人 / 曹节	甄宓	羊献容 / 左棻 / 杨皇后	褚蒜子	冯小怜 / 徐昭佩 / 潘玉奴

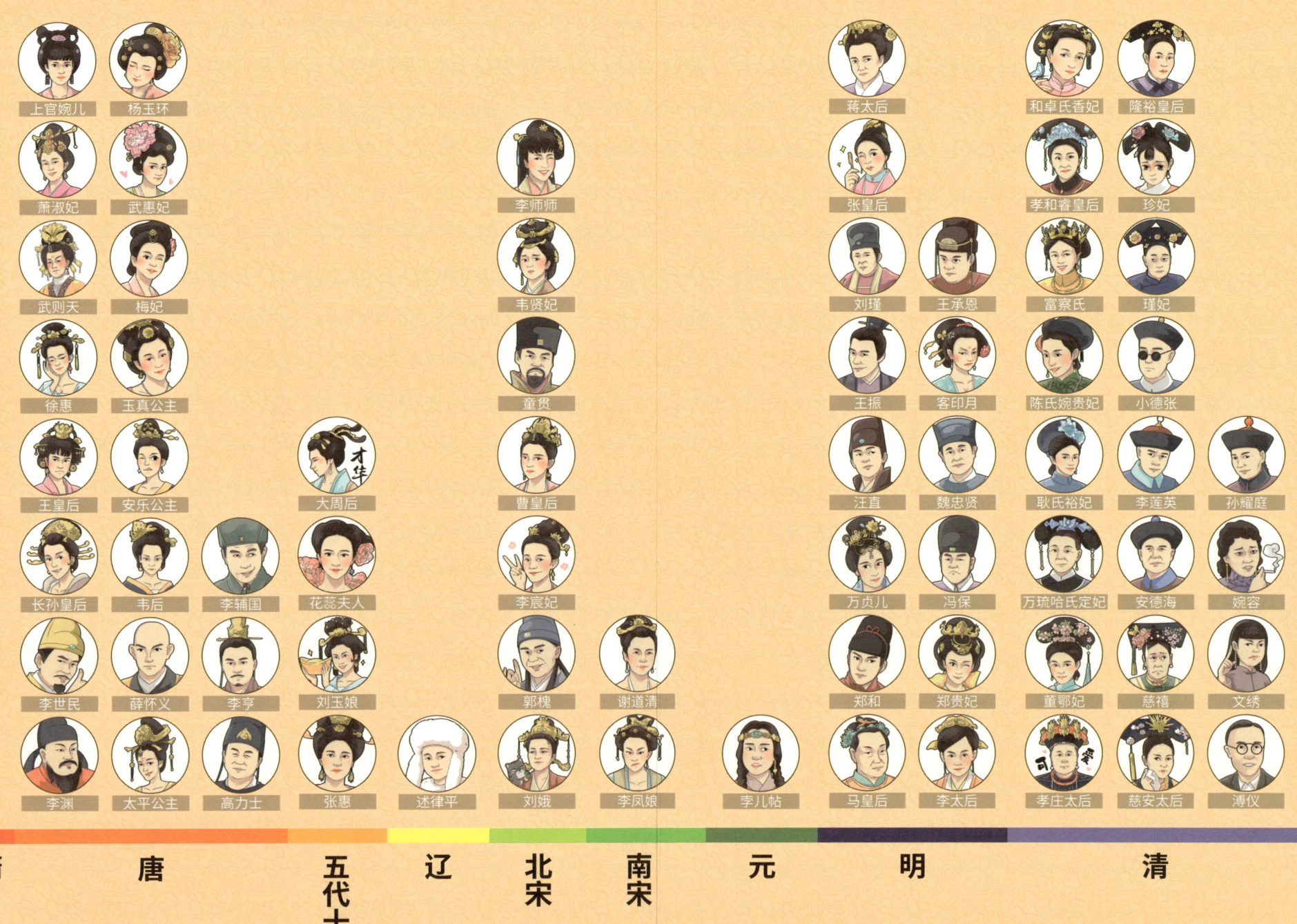

历史的囚徒 著

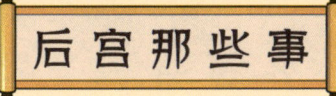

后宫那些事

QULIAO ZHONGGUOSHI
HOUGONG NAXIE SHI

SPM 南方传媒 | 花城出版社

中国·广州

图书在版编目（CIP）数据

趣聊中国史：后宫那些事／历史的囚徒著. -- 广州：花城出版社，2022.5
ISBN 978-7-5360-9700-1

Ⅰ. ①趣… Ⅱ. ①历… Ⅲ. ①宫廷－生活－中国－古代－通俗读物 Ⅳ. ①K220.9

中国版本图书馆CIP数据核字(2022)第072744号

出 版 人：张 懿
策划编辑：陈宾杰
责任编辑：王铮锴
技术编辑：凌春梅
封面设计：荆棘设计
插　　画：卡森插画工作室　王小果

书　　名	趣聊中国史：后宫那些事 QULIAO ZHONGGUOSHI: HOUGONG NAXIE SHI
出版发行	花城出版社 （广州市环市东路水荫路11号）
经　　销	全国新华书店
印　　刷	广东鹏腾宇文化创新有限公司 （广东省珠海市高新区唐家湾镇科技九路88号10栋）
开　　本	880毫米×1230毫米 32开
印　　张	5.5　2插页
字　　数	101,000字
版　　次	2022年5月第1版　2022年5月第1次印刷
定　　价	49.80元

如发现印装质量问题，请直接与印刷厂联系调换。
购书热线：020-37604658　37602954
花城出版社网站 http://www.fcph.com.cn

📢 历代妃子加入群聊,说尽后宫那些事。

中华后宫第一群（101人）

周一 08:45

"武则天"邀请你加入了群聊，群聊参与人还有：太平公主、萧淑妃、慈禧、王皇后、吕后、妇好、赵飞燕、赵合德、婉容、孝庄太后、上官婉儿、妲己、褒姒、董鄂妃、杨玉环、虞姬、裕隆皇后、钩弋夫人、安乐公主……

你与群里其他人都不是好友关系，请注意隐私安全，谨慎发言。

目录

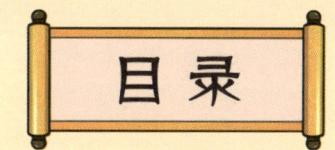

第一章
　　后宫是个"疯人院" 001

第二章
　　爱情是个奢侈品 019

第三章
　　才艺大比拼 055

第四章
　　对社会有副作用的人 083

第五章
　　始于风花雪月　终于一地鸡毛 125

第一章

后宫是个"疯人院"

本章主要登场人物介绍

武则天
唐代政治家,中国历史上唯一的女皇帝。

吕后
汉高祖刘邦的皇后。刘邦死后,吕后执掌朝政15年。

萧淑妃
唐高宗的宠妃,在与武则天的宫斗中失败被废。

韦后
唐中宗的皇后。在位时干预朝政,后被李隆基推翻。

王皇后
唐高宗的皇后,因陷害武则天败露被废。

婉容
末代皇帝溥仪的皇后。

妇好
女军事家、政治家,商王武丁之妻。

文绣
原为溥仪的妃子,1931年公开宣告与溥仪离婚。

中华后宫第一群（101人）

慈禧：比不过，比不过，则天大帝的能力，全宇宙最强。

王皇后：论阴险，她也是最强的。

萧淑妃：@王皇后 当时姐姐就不该让她入宫。

王皇后：我也没想到，武昭仪连自己刚出生的娃都杀。

萧淑妃：其狠毒，甩我们十几条街，简直无人可比。

戚夫人：有一个人可以比……😭

吕后：贱婢，看我再弄死你一次！

历史的囚徒 著

后宫那些事

QULIAO ZHONGGUOSHI
HOUGONG NAXIE SHI

SPM 南方传媒 花城出版社

中国·广州

图书在版编目（CIP）数据

趣聊中国史：后宫那些事／历史的囚徒著． -- 广州：花城出版社，2022.5
ISBN 978-7-5360-9700-1

Ⅰ．①趣⋯ Ⅱ．①历⋯ Ⅲ．①宫廷－生活－中国－古代－通俗读物 Ⅳ．①K220.9

中国版本图书馆CIP数据核字（2022）第072744号

出 版 人：张 懿
策划编辑：陈宾杰
责任编辑：王铮锴
技术编辑：凌春梅
封面设计：荆棘设计
插　　画：卡森插画工作室　王小果

书　　名	趣聊中国史：后宫那些事 QULIAO ZHONGGUOSHI: HOUGONG NAXIE SHI
出版发行	花城出版社 （广州市环市东路水荫路11号）
经　　销	全国新华书店
印　　刷	广东鹏腾宇文化创新有限公司 （广东省珠海市高新区唐家湾镇科技九路88号10栋）
开　　本	880毫米×1230毫米　32开
印　　张	5.5　2插页
字　　数	101,000字
版　　次	2022年5月第1版　2022年5月第1次印刷
定　　价	49.80元

如发现印装质量问题，请直接与印刷厂联系调换。
购书热线：020-37604658　37602954
花城出版社网站：http://www.fcph.com.cn

历代妃子加入群聊，说尽后宫那些事。

周一 08:45

"武则天"邀请你加入了群聊,群聊参与人还有:太平公主、萧淑妃、慈禧、王皇后、吕后、妇好、赵飞燕、赵合德、婉容、孝庄太后、上官婉儿、妲己、褒姒、董鄂妃、杨玉环、虞姬、裕隆皇后、钩弋夫人、安乐公主……

你与群里其他人都不是好友关系,请注意隐私安全,谨慎发言。

目 录

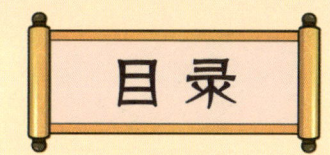

第一章
后宫是个"疯人院" 001

第二章
爱情是个奢侈品 019

第三章
才艺大比拼 055

第四章
对社会有副作用的人 083

第五章
始于风花雪月　终于一地鸡毛 125

第一章

后宫是个"疯人院"

本章主要登场人物介绍

武则天
唐代政治家,中国历史上唯一的女皇帝。

吕后
汉高祖刘邦的皇后。刘邦死后,吕后执掌朝政15年。

萧淑妃
唐高宗的宠妃,在与武则天的宫斗中失败被废。

韦后
唐中宗的皇后。在位时干预朝政,后被李隆基推翻。

王皇后
唐高宗的皇后,因陷害武则天败露被废。

婉容
末代皇帝溥仪的皇后。

妇好
女军事家、政治家,商王武丁之妻。

文绣
原为溥仪的妃子,1931年公开宣告与溥仪离婚。

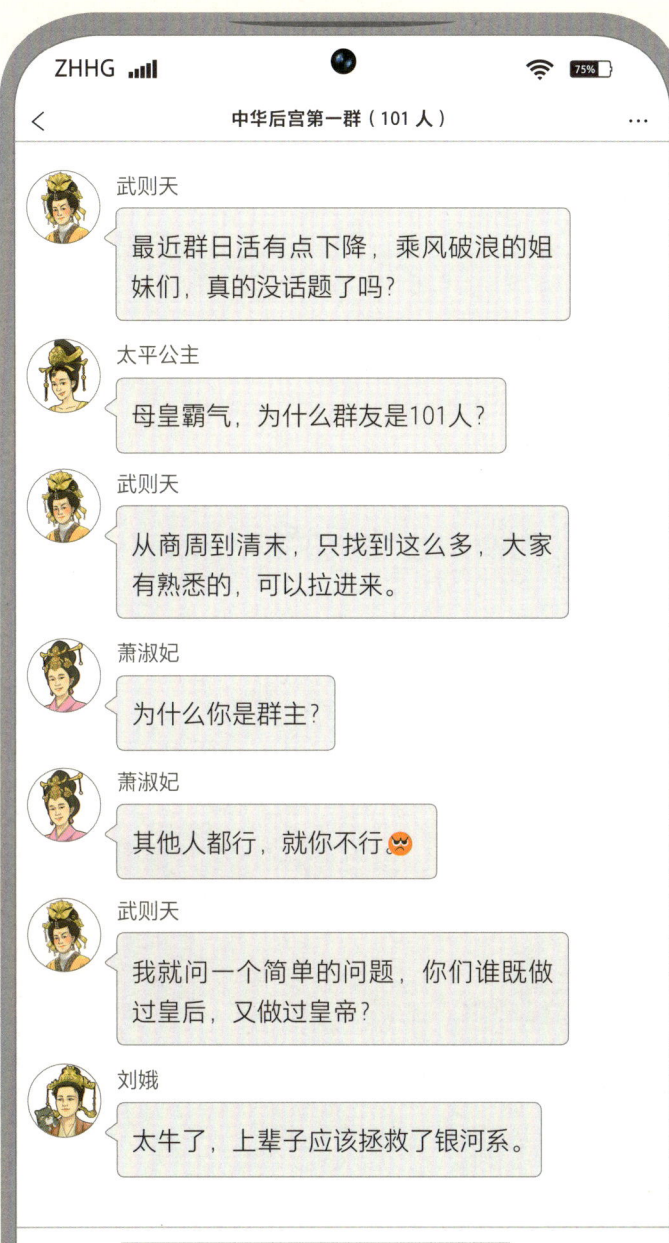

中华后宫第一群（101人）

慈禧: 比不过，比不过，则天大帝的能力，全宇宙最强。

王皇后: 论阴险，她也是最强的。

萧淑妃: @王皇后 当时姐姐就不该让她入宫。

王皇后: 我也没想到，武昭仪连自己刚出生的娃都杀。

萧淑妃: 其狠毒，甩我们十几条街，简直无人可比。

戚夫人: 有一个人可以比……😢

吕后: 贱婢，看我再弄死你一次！

中国后宫宫斗水平最高的当数唐朝的武则天,她用十七年从才人升到皇后,又用三十五年从皇后当上皇帝。最初她是李世民的才人,级别很低,而且从未受过宠幸,但她与当时的太子李治眉来眼去。李世民去世后,她被安排出家,但很快被李治接回宫中,当时的王皇后想对付得宠的萧淑妃,与武则天结成临时同盟。后来萧淑妃失宠,王皇后也成了武则天的眼中钉,武氏采取一系列手段实施宫斗,传说她甚至掐死自己刚出生的女儿嫁祸给王皇后。不久,萧淑妃和王皇后都成了武则天的刀下之鬼。

宫斗达人武则天

戚夫人是刘邦的新宠,生子刘如意,哭功一流。她经常鼓动刘邦改立刘如意为太子。为了保护自己和儿子,刘邦的皇后吕后一点点地变成一代毒后。刘邦死后,她残忍地毒害戚夫人,砍其双手双足,使其眼盲耳聋,还让儿子刘盈去观看,结果儿子当场变得精神失常,觉得自己的母亲从没有那么陌生过。

✏️ 武则天时代，前朝与后宫的界限模糊了，武则天还蓄养男宠。她的儿媳韦后、孙女安乐公主以她为榜样，都想当女皇，为此杀死了最亲的人——唐中宗李显。受武则天影响，太平公主、上官婉儿等无不是宫斗的顶尖高手。

✏️ 魏美人曾是楚怀王的最爱，宠妃郑袖假装与她交好，教唆她每次遇到楚怀王就以袖捂鼻，因为楚怀王不喜欢她的鼻子。后来楚王问郑袖，为何魏美人看到他就捂鼻子。郑袖说，那是因为她嫌弃陛下的体味。楚怀王一气之下，命人割下魏美人的鼻子。

✏️ 中国有几个得宠的后宫女子，专门暗害那些怀孕的对手，害得皇帝绝后。这方面的代表有西汉时的赵合德、汉安帝的皇后阎姬等。

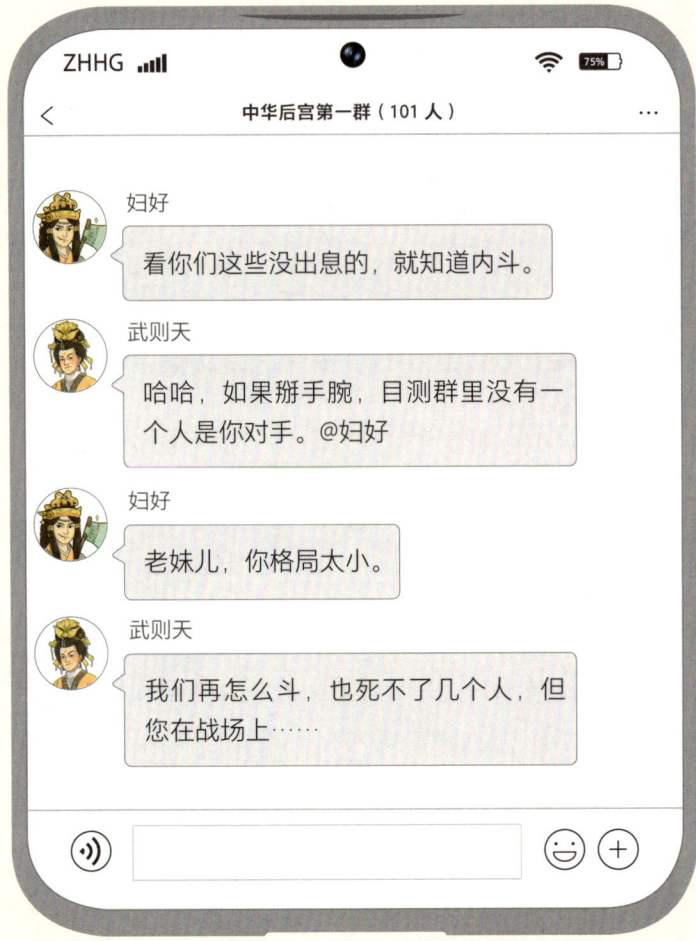

ZHHG

中华后宫第一群（101人）

 武则天
这女人啊，还是柔一点好。

 吕后
实名同意。同样一句"不要"，有人说出来很勾魂，而某人说出来，就像"在斗地主"……

 妇好
那我问你们，人生价值何在？

 武则天
人生就像呼吸，呼是为了出一口气，吸是为了争一口气。

 吕后
太经典了……那永远有多远？

 武则天
不知道，我又不是测绘专业的。

 萧淑妃
😊😊😊

第一章 后宫是个「疯人院」

划重点

妇好是商代武丁的妃子,是后宫里的战神,也是后宫里的异类。为了国家安全,她长期待在封地,与武丁分居两地。她手下的士兵约占当时国家兵力的一半。

女强人妇好

ZHHG

中华后宫第一群（101人）

珍妃

其实我最佩服文绣，几千年来唯一敢跟皇帝打离婚官司的人。

历史达人文绣

佩服啥？

历史达人文绣

斗不过婉容，入宫十年我还是处子之身……

历史达人文绣

还不如佩服我有身份证。😭

婉容

那你现在还恨我喽？

历史达人文绣

✏️ 珍妃是光绪帝身边性格活泼、不拘小节的女子,被皇后(后来的隆裕太后)讨厌,而皇后的姑姑正是一手遮天的慈禧。八国联军侵入北京的时候,珍妃被慈禧授意太监沉井而死。

末代皇妃文绣很有骨气，看不起投降日本的退位皇帝溥仪，又长期在与皇后婉容的斗争中处于劣势，于是提出离婚，是中国历史上唯一与皇帝离婚的后宫女子。后来她嫁给了一个国民党军官。

文绣是唯一与皇帝离婚的后宫女子

中华后宫第一群（101人）

大清乾隆富察氏
说到宫斗，我佩服董鄂妃，虽然集万千宠爱于一身，但她从来不整人。

大清乾隆富察氏
真是后宫的良心。

孝庄太后
你懂什么，那是因为她只活了21岁……

刘玉娘
说个轻松的话题，群里有发红包的吗？

武则天
你真是个大财迷。@刘玉娘

武则天
朕送你四个字。

武则天

一心搞钱

✏️ 董鄂氏是顺治的最爱,而且性格极好,在后宫从来不迫害人,即使别的妃子对不起她,她也从来是以德报怨,可惜这样的一个好人,却以二十一岁的妙龄早逝。

✏️ 富察氏是乾隆的第一任皇后,身体不好,生子永琏,九岁而亡,后生永琮,两岁时因天花而死。富察氏饱受打击而亡,乾隆为她写下不少悼亡诗。她去世后四年,乾隆到她墓前悼亡一百多次。她是乾隆用一生来怀念的人。

✏️ 后唐庄宗李存勖的皇后刘玉娘,是历史上有名的财迷和商人皇后。她喜欢在后宫摆摊卖货,将所有产品都命名为"玉娘牌"(授意商人以宫中名义卖货),赚了不少钱。

第二章
爱情是个奢侈品

本章主要登场人物介绍

上官婉儿
唐代女官、诗人,武则天的心腹。

大宋曹皇后
宋仁宗的皇后,辅佐仁宗、英宗、神宗三位皇帝治理国家。

太平公主
武则天之女,受武则天宠爱,深度参与朝政。

万贞儿
明宪宗幼年时的保姆,宪宗即位后立为贵妃。

富察皇后
乾隆帝的第一任皇后,早亡。

王政君
汉元帝的皇后,执掌朝政数十年,扶持王莽上位。

陈阿娇
汉武帝的第一任皇后,因为争宠不择手段被废黜。

李凤娘
宋光宗的皇后,善妒,历史上著名的悍妇。

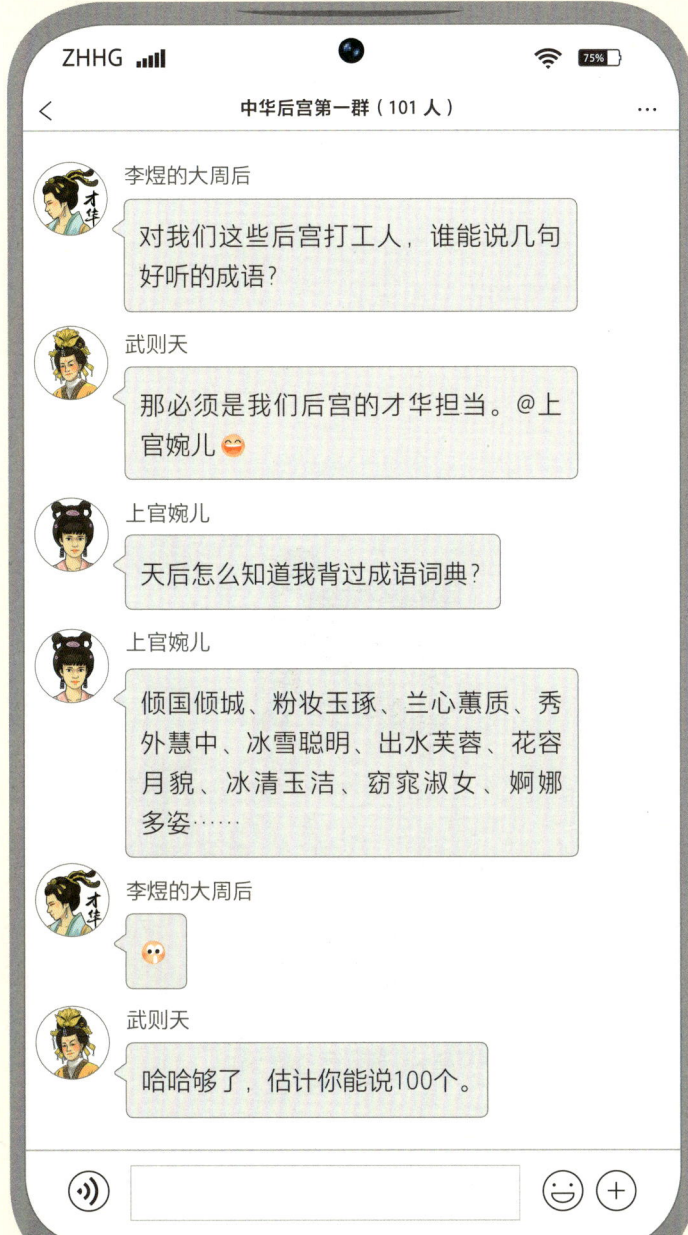

划重点

南唐后主李煜的大周后、唐朝的女官上官婉儿都是后宫里特别有才华的人。在武则天的支持下,上官婉儿甚至带动了后宫及全国的文学热潮,后来便出现了诗歌盛世。

后宫文豪上官婉儿

ZHHG

中华后宫第一群（101人）

 妇好

你这是嫉妒。

 妇好

听进去算我输

 大清乾隆富察氏

自我入宫以来啊，就独得皇上恩宠，我劝皇上雨露均沾，可是他偏不听呢！

 吕后

别炫耀了，谁都知道，乾隆是个大猪蹄子。

 大清乾隆富察氏

我死后四年间，他祭奠我一百多次，多长情的男人！！！

 大清乾隆富察氏

失去我后，他才从专情之人变成浪子的。

🖉 妲己和褒姒是历史上有名的因君王宠爱她们而导致亡国的后宫女子。妲己是来自河南焦作的美女，是商纣王的最爱，按明代神魔小说《封神演义》的说法，她是千年狐精附体，受女娲之命来祸乱殷商的，后来妲己杀尽忠臣。褒姒是陕西汉中人，周幽王姬宫涅的第二任王后、著名的冷美人，为博她一笑，周幽王不惜烽火戏诸侯。

陈阿娇为了挽回与汉武帝的感情,曾重金请软文第一高手司马相如创作《长门赋》,但还是在情场上败于后来居上的歌女卫子夫。

陈阿娇请司马相如创作《长门赋》

中华后宫第一群（101人）

大宋曹皇后

唉，你们这都是什么命？

大宋曹皇后

无论我做什么，皇上都不喜欢我。

上官婉儿

除非互相喜欢，否则所有的喜欢都是心酸。

武惠妃

真是蠢到家了。@大宋曹皇后

武惠妃

一只不会下蛋的母鸡，试问谁会喜欢？

李宸妃

不是这样的，@大宋曹皇后 我倒很羡慕你，有时间在后宫种粮养蚕，练练字儿。

大宋曹皇后

那是孤单啊，心里都凉透了。

中华后宫第一群（101人）

 大宋曹皇后

 大宋曹皇后

孤单不可怕，可怕的是习惯孤单；绝望不可怕，可怕的是还要装作淡然。

 "你若一直在，我便一直爱" ~陈阿娇

同感……每年两个情人节还不难过吗？还要多一个520。

 大宋曹皇后

 董鄂妃

@大宋曹皇后 你做了一件特别伟大的事，1079年救了我的偶像苏轼……

中华后宫第一群（101人）

大宋曹皇后
> 那是大宋祖训啊，不能要文人和谏臣的命。

董鄂妃
> 长得好看也就算了，还温柔；温柔也就算了，还懂情调；懂情调也就算了，还善良；善良也就算了，还萌萌哒。

大宋曹皇后
> 妹妹，你说的是我，还是你自己？

董鄂妃
> 只是忽然很有感触。

董鄂妃
> 我们这些后宫女人，都是爱情的寄生虫。

董鄂妃
> 难得的惊喜和好运，也许都是因为长期积累的温柔和善良。🌹🌹🌹

✏️ 曹皇后长相一般，又没有生娃，所以得不到宋仁宗的宠爱（即使她曾在政变中救过仁宗），她只能无奈地待在后宫做农活，成为后宫优秀管理者，后来辅佐仁宗、英宗、神宗三位皇帝，还救下很多人（包括清朝董鄂妃）的偶像苏轼。

✏️ 李宸妃是宋仁宗的生母，本是一名普通宫女，被弄权的皇后刘娥迫害了一生，著名戏剧《狸猫换太子》就以她的遭遇为原型。

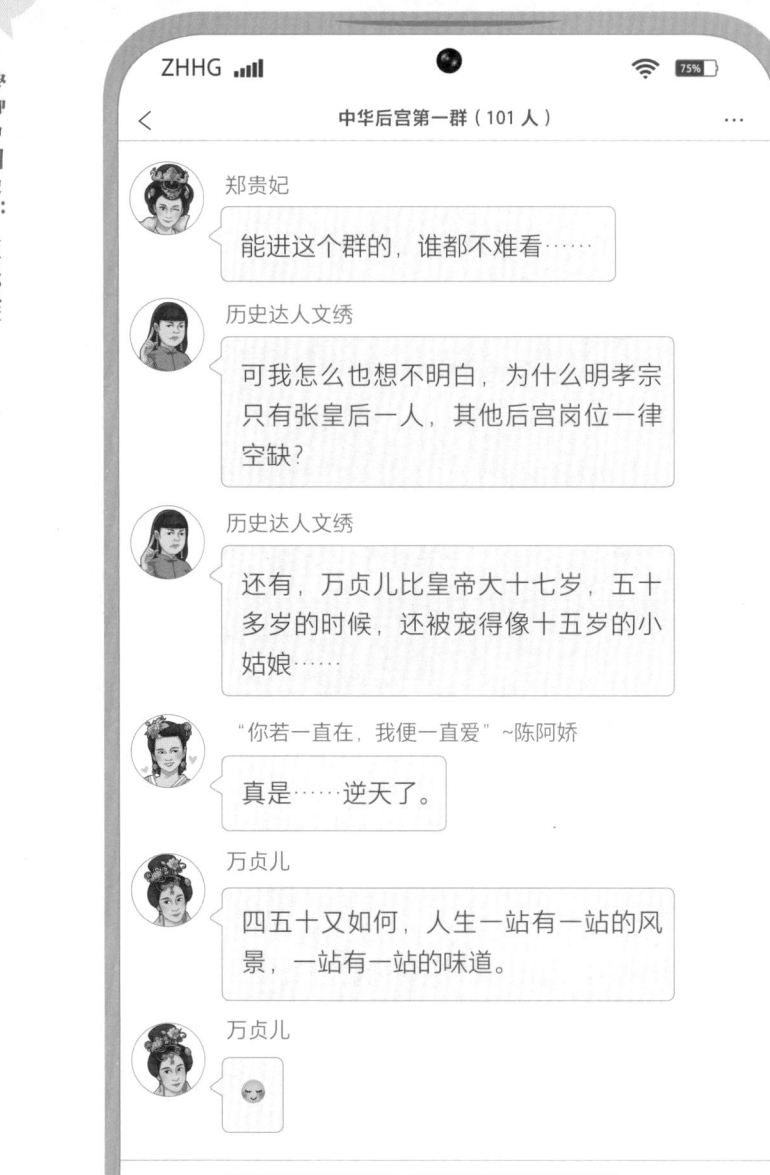

ZHHG

中华后宫第一群（101人）

"你若一直在，我便一直爱" ~陈阿娇

从不羡慕漂亮女人，只羡慕命好的女人，哭了有人哄，累了有人疼，穷了有人转账。

万贞儿

不好意思。一把年纪了，皇上还那么喜欢我，我可真是一个罪人。

万贞儿

万贞儿

在这里我想首次公开一首情诗，是小深深写给我的……

"你若一直在，我便一直爱" ~陈阿娇

小深深，明宪宗朱见深吗？快发出来看看。

划重点

郑贵妃、万贞儿和张皇后都是明朝皇帝专情的对象。明神宗为了立郑贵妃为皇后，不惜与臣子作对几十年，成了著名的"罢工皇帝"。万贞儿是明宪宗朱见深的保姆，大后者十七岁，集万千宠爱于一身。万贞儿五十多岁去世，不久之后，朱见深也驾崩了。张皇后更是明孝宗唯一的女人，皇宫再无其他妃嫔。

万贞儿与明宪宗是历史上著名的"老妻少夫"组合

🖊 马皇后是明太祖朱元璋的结发妻子,也是他的贤内助,与朱元璋共同打下江山,并救下不少忠臣的命。

🖊 婉容是末代皇后,后病死于监狱。太平公主是武则天与李治的小女儿,甚得宠爱,也学到了武后的狠毒干脆。

中华后宫第一群（101人）

 太平公主
太宗皇帝与长孙皇后、朱元璋与马皇后、刘邦与吕后、隋文帝与独孤皇后，这都属于敬重之爱。

 太平公主
@武则天 您和父皇，是灵魂伴侣。其余大部分是肉体之爱。

 王政君
那我是阴差阳错？

 太平公主
如果当年选秀的时候，你不是坐皇帝旁边，后来可能没机会成为皇后。

 "你若一直在，我便一直爱" ~陈阿娇
就是，被临幸一次就生下皇太孙，典型的傻人有傻福。

 武则天
而且她活了八十四岁，比朕的寿命还多三年！

王政君被皇帝看上，纯属偶然。当时她入宫一年多，皇太子刘奭宠爱的司马良娣病故，良娣临死前说是有其他姬妾咒她死，太子迁怒其他姬妾，不与她们接近。汉宣帝让太子在后宫挑选新来的女子，太子对新来的都缺乏兴趣，但又不想违逆母后，轻声说："其中有个人可以。"

当时王政君离太子最近,大家误以为太子最喜欢的是王政君,可谓"阴差阳错"。王政君把持西汉朝政数十年,大举重用王氏子弟,其中就包括日后篡位的王莽。

王莽是王政君的侄子

 独孤皇后是隋文帝唯一挚爱的人。

🖉 赵飞燕是王政君的儿媳、汉成帝的皇后、宫廷中著名的舞蹈家。后来她的妹妹赵合德也入宫侍奉汉成帝，传说一日汉成帝起床不久，就突然死在赵合德的寝宫。

🖉 慈禧一生发动三次政变，以巩固自己的权力。武则天更是政变高手，后来在神龙政变中落败。其实她是败于时间，因为她当时已年届八旬。

中华后宫第一群（101人）

羊献容：不知道我这样的算什么，两个不同朝代的皇帝都立我为后……

羊献容：难道这就是传说中的人见人爱？

太平公主：又来一个炫耀的。

珍妃：听说羊献容长相特别出众，而男人都是好色的。

李凤娘：男人是管不住的，凡是靠近他们的女人，必须杀无赦。

阎姬：同意，必须杀无赦。

大宋曹皇后：所以你把一个无辜宫女的手砍下来？@李凤娘

上官婉儿：喜欢不一定非要拥有，放在心里或一个更重要的地方，也许会更长久。

李凤娘：别在这儿酸了。

阎姬：别在这儿酸了。

中华后宫第一群（101人）

武则天
@李凤娘 @阎姬 你们俩真是后宫的耻辱。

李凤娘
你有什么资格说我们？

阎姬
你有什么资格说我们？

武则天
@阎姬 你是她的复读机吗？

阎姬
我们的三观比五官还要一致，而且我们对老公都很失望。😒

上官婉儿
唉，后宫的女人，痴情是真的，无情也是真的；愿意付出是真的，随时能收回来也是真的。

王政君
唉，我们都是后宫的囚徒。😢

✏️ 李凤娘是南宋光宗的皇后,也是历史上最著名的悍后之一。宋高宗赵构因轻信江湖术士之言为孙子选李凤娘为妃,结果引狼入室。宋光宗曾看一个端水宫女的手说"好",李凤娘就把该宫女的手砍下来,装在点心盒里给光宗看。因为不堪其扰,宋光宗逊位成为太上皇。

宋光宗被李凤娘折磨得身心俱疲

📝 羊献容是后宫的传奇之人。她是晋惠帝司马衷和前赵末代皇帝刘曜的皇后，曾五次被废皇后位，又屡次复立。

📝 阎姬是汉安帝刘祜的皇后，毒死生下皇子的宫人李氏，后来她总喜欢立年幼的皇帝，因为便于控制。

中华后宫第一群（101人）

上官婉儿
> 应该这样说才对：后宫的女人，痴情是真的，无情也是真的；愿意付出是真的，随时能收回来是假的。

班婕妤
> 不愧是大才女。@上官婉儿

班婕妤
>

李师师
> 依我看，不公开的那种，也不失为真正的爱情。

大宋韦贤妃
> 这个坏女人怎么也在群里？真不要脸。

大宋韦贤妃
>

✏️ 班婕妤的文学水平很高,也是名人班超、班固、班昭的长辈,在后宫经常被得宠的赵飞燕、赵合德姐妹欺负。她曾引经据典,拒绝汉成帝为她制作的可以同游的高大辇车,因为她很怕做亡国之妇。

韦贤妃是宋徽宗的宠妃，靖康之变后被金兵俘虏带去北方，后来居然神奇地被放回到南方。李师师是韦贤妃的"情敌"，是汴梁城的第一名妓。相传为了方便见她，宋徽宗专门派人挖了一条地道，从后宫通往李师师的住处。

宋徽宗密会李师师

中华后宫第一群（101人）

太平公主
母皇来个总结吧，我就想知道什么叫成熟。

武则天
对于一个后宫人来说，成熟就是习惯任何人的忽冷忽热，看淡任何人的渐行渐远。

戚夫人
冷漠的后宫，内卷得那么厉害，一个弱女子如何自保？

武则天
看人不要用眼睛，容易看走眼。

武则天
更不要用耳朵去听，可能是谎言。

太平公主

🖉 玉真公主是唐玄宗的妹妹,从小见惯皇家的杀戮,后来出家,传说她曾与王维和李白传出过绯闻。

🖉 杨玉环原是唐玄宗的儿媳。武惠妃病死后,唐玄宗感情空虚,太监高力士等人推荐了杨玉环。后来她被选在君王侧,三千宠爱在一身。有些人认为,杨玉环应该对安史之乱负主要责任,因为传说她曾收安禄山为义子。

🖊 南子是河南商丘人，生性放荡，曾与孔子传出绯闻。

🖊 薛怀义是武则天晚年的男宠。董贤是汉哀帝刘欣的宠臣。审食其是吕后多年的好友和出轨对象。

🖊 汉元帝时期的王昭君刚正不阿，据说因拒绝贿赂画师，被送往北方和亲。后来汉元帝发现王昭君是个大美女，却被人画丑了，一怒之下杀了有问题的画师。

第三章
才艺大比拼

本章主要登场人物介绍

大周后
南唐后主李煜的皇后,才华横溢,能歌善舞。

慈禧
咸丰帝贵妃,同治帝生母,晚清的实际统治人物。

杨玉环
唐玄宗的宠妃,精通音律、舞蹈。

刘玉娘
后唐庄宗的皇后,奢侈无度,专权敛财。

左棻
晋武帝的贵人,文学家。哥哥是著名文学家左思。

宣太后
秦惠文王之妾。秦昭襄王继位后以太后身份执政。

大唐梅妃
唐玄宗的妃子。杨贵妃得宠后,梅妃被打入冷宫。

珍妃
光绪帝的嫔妃,知书识礼,较早接受先进思想。

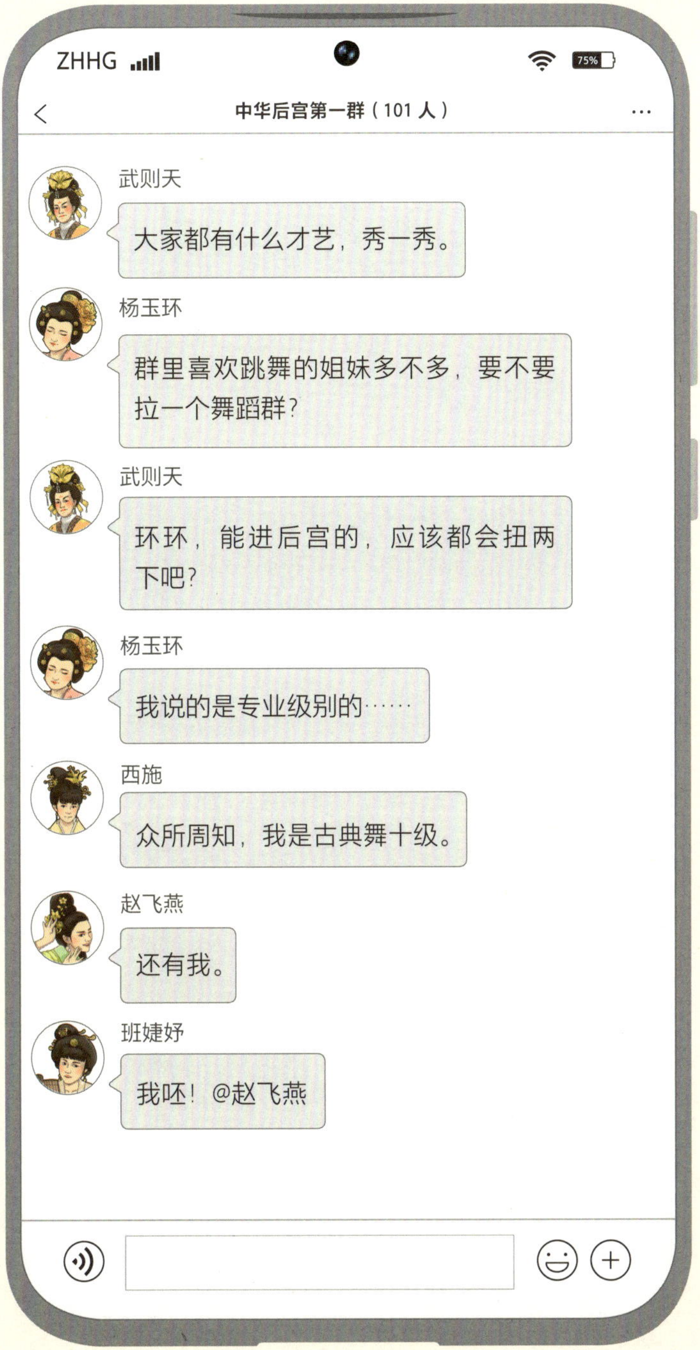

中华后宫第一群（101人）

武则天：大家都有什么才艺，秀一秀。

杨玉环：群里喜欢跳舞的姐妹多不多，要不要拉一个舞蹈群？

武则天：环环，能进后宫的，应该都会扭两下吧？

杨玉环：我说的是专业级别的……

西施：众所周知，我是古典舞十级。

赵飞燕：还有我。

班婕妤：我呸！@赵飞燕

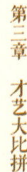

第三章 才艺大比拼

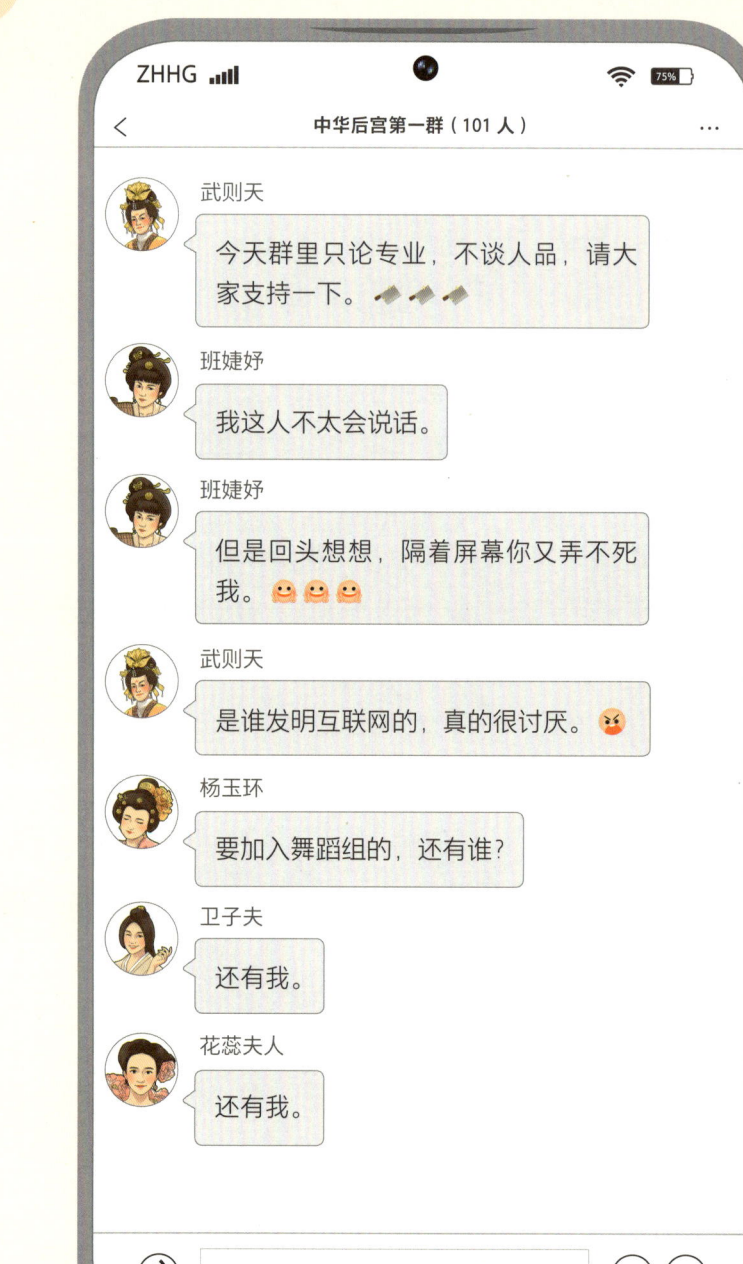

划重点

🖊 杨玉环是唐朝公认的舞蹈天才,也是后宫历史上当之无愧的舞技第一。

🖊 西施当初进行过"特工训练",舞蹈是重要培训项目之一。进入吴国后,她也正是凭颜值和舞术征服夫差的。

🖊 赵飞燕据说能在人的手掌上跳舞,颇得汉成帝宠爱。她和妹妹赵合德多次打压有文学才华的班婕妤,后者只能以泪洗面。

🖊 秦始皇的母亲赵姬也是一名舞蹈家。

🖊 花蕊夫人也颇具舞蹈才华,她是后蜀孟昶的慧妃,姓费,年轻时在后宫享尽荣华富贵,尤其爱牡丹花和红栀子花。后蜀灭亡后,她因美貌又善于跳舞,被宋太祖封为贵妃,最后她被宋太宗用箭射死。

项羽的帐中美人虞姬也是一流的舞蹈高手；而同时期刘邦宠爱的戚夫人，传说在"四面楚歌"时跳禁舞。

后宫妃子大多数都会跳舞，但受宠的没几个

ZHHG

中华后宫第一群（101人）

上官婉儿
> 诗词组走起。

上官婉儿
> 我先来一首暖暖场："叶下洞庭初，思君万里馀。露浓香被冷，月落锦屏虚。欲奏江南曲，贪封蓟北书。书中无别意，惟怅久离居。"

李煜的大周后
> 这意境实在是太美了……

上官婉儿
> 跟你老公的词相比怎么样？

李煜的大周后
> 一个是相思苦，一个是亡国恨，是两种类型的作品。

左棻
> 我申请加入诗词组。

上官婉儿
> 你就算了吧，你哥哥左思还可以。

划重点

✏️ 上官婉儿拥有多重身份，深得武则天宠信，是历史上唯一的女宰相，而且遗传了上官家族的文学才华。李煜很有才华，所以深爱同样有文学细胞的大周后，后来的名词"问君能有几多愁，恰似一江春水向东流"有人说就是怀念大周后的。

✏️ 晋武帝的贵嫔左棻相貌较丑，不得宠爱，体弱多病，平常爱好写作，是一位女诗人。凡遇外地进贡，常请她赋颂；凡是皇家需要用文字记录的婚丧嫁娶，也要她写诔作赋。左棻在宫中整整度过了二十八年，作品中全是凄凉、悲哀、孤独、绝望。相比之下，左棻的哥哥左思是当时最著名的爆款文写手，曾导致"洛阳纸贵"。

ZHHG

中华后宫第一群（101人）

"你若一直在，我便一直爱" ~陈阿娇

弱弱问一句，我能加入这个组吗？

"你若一直在，我便一直爱" ~陈阿娇

卫子夫

呵呵，你请人家司马相如写的那篇《长门赋》，花了多少银子？

大唐梅妃（江采萍）

我那篇《楼东赋》，可是我自己熬了几个通宵写出来的。

卫子夫

可惜，你的对手是 @杨玉环。

杨玉环

既然被点了名，我也说两句。

✏️ 陈阿娇请司马相如代笔写"情书",唐代的江采萍自己亲自写了一篇赋,可面对后宫中的"情敌",她们都失败了。

✏️ 婉容特别喜欢给溥仪写信,落款用英文名。慈禧的字写得很好,后来咸丰帝就请她代笔批阅奏章,为她后来的干政埋下了伏笔。珍妃就没有那样幸运了。

慈禧写得一手好字

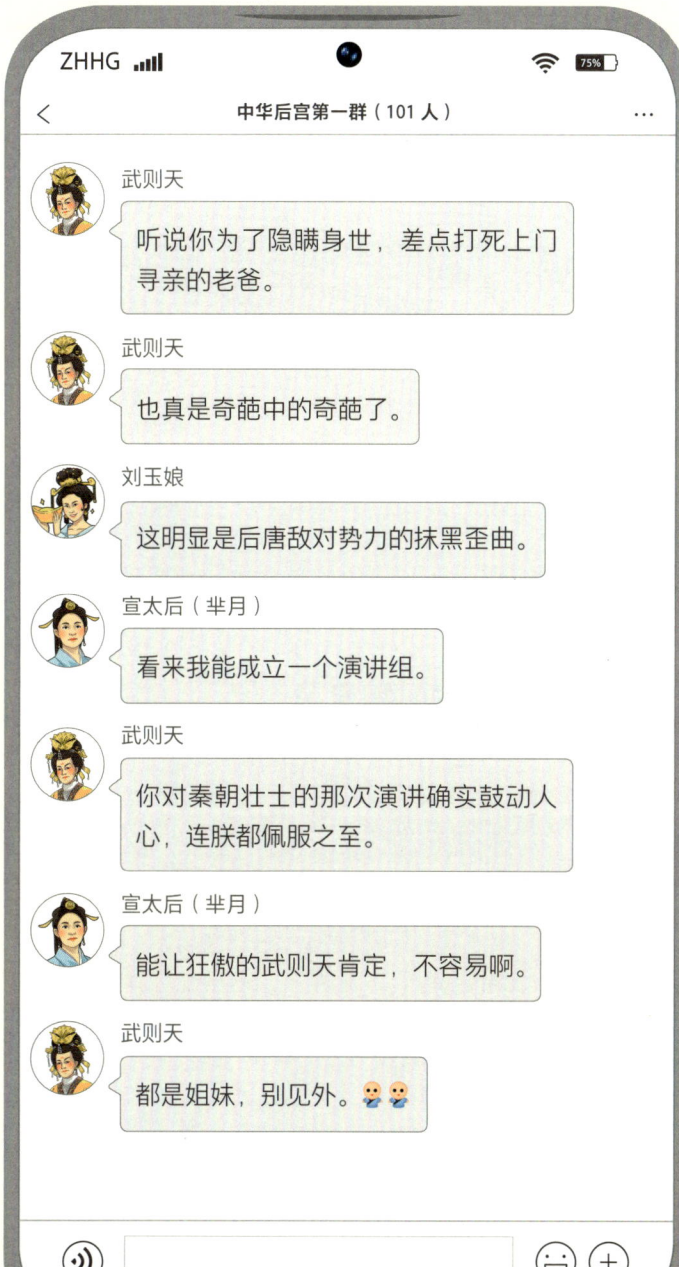

✏️ 宋朝的曹皇后不得宠爱，常在后宫干农活度日，还小有成就。

✏️ 武则天生前征服天下，死后征服历史。她与丈夫唐高宗李治合葬于陕西乾陵，陵前有一巨大石碑，上面空无一字，引起很多人的猜想。有人说她觉得自己功劳太大，所以没有文字可以承载；有人说她自觉罪孽深重，不敢着一字；还有人说碑文都写好了，但一直没有刻上去。

✏️ 宣太后的演讲水平很高，竟然令有政变企图的将士们回心转意。

✏️ 南朝齐潘玉奴、后唐刘玉娘都喜欢在后宫摆摊卖货。

潘玉奴、刘玉娘摆摊卖货

中华后宫第一群（101人）

卫子夫：我朝长公主刘嫖，可以建一个"红娘组"。

"你若一直在，我便一直爱"~陈阿娇：你是故意恶心人吧！@卫子夫

慈禧：不怪人家卫皇后，你看你妈给你想了多少辙。

"你若一直在，我便一直爱"~陈阿娇：难道一定要翻旧账吗？

卫子夫：吵架不翻旧账，难道要展望未来吗？

窦漪房：好像说得有点道理呀……

"你若一直在，我便一直爱"~陈阿娇：@窦漪房 外婆，你到底站哪边？

中华后宫第一群（101人）

 刘嫖
> 孩子，咱输了就是输了，怪只怪那狐狸精。

 刘嫖
> 她最后自杀，也是咎由自取。

 阴丽华
> 我能申请一个厚道组吗？

 武则天
> 你确实是历史上唯一拒绝皇后岗位的人，可是这个群名有点怪……

 珍妃
> 请问群里有爱好摄影的朋友吗？

 瑾妃
> 姐姐，就因为在后宫玩摄影，你没少挨打。

 瑾妃
> 有谁见过一个堂堂的皇妃被扒了衣服打的……

🖉 西汉的长公主刘嫖极力张罗女儿陈阿娇的婚事,虽然年幼的汉武帝说要建一个金屋给阿娇("金屋藏娇"典故的由来),但长大后的汉武帝很讨厌这桩被安排的婚姻。

🖉 东汉开国皇帝刘秀曾说"娶妻当得阴丽华",他提到的南阳美女阴丽华是管仲之后,可是为了支持丈夫创业(平衡外戚,获得十万兵马),她容忍刘秀娶了郭圣通,而且主动拒绝皇后位。漫长的十八年后,阴丽华还是成了皇后,她的儿子刘庄被立为太子,后登基,即汉明帝。历史上把这叫"以退为进"。

晚清的珍妃接受了先进思想,特别喜欢在紫禁城拍照,并因此多次被责备和鞭打,打她的人是"情敌"隆裕皇后,正是慈禧的亲侄女。

珍妃喜欢在紫禁城里拍照,也经常挨罚

ZHHG 75%

中华后宫第一群（101人）

 班婕妤

> @上官婉儿 我能问你一个问题吗？

 上官婉儿

> ……有什么指教？

 上官婉儿

> 千万别客气，您领衔的班氏天团，那也是如雷贯耳，班超、班固、班昭……

 班婕妤

> 在女宰相、优秀诗人、皇妃这三个角色里，你最爱哪一个？

 上官婉儿

> 其实，我是一个美容达人。

 上官婉儿

> 难道后宫里的美妆爱好者，不是阵容最庞大的？

 武则天

> 婉儿有一次磕伤了脑门，正在眉心位置，她就发明了"落梅妆"。

中华后宫第一群（101 人）

历史达人文绣

在眉心上文一朵小梅花？原来是这么来的啊，真是有心了。

和卓氏香妃

玉容未近，芳香袭人，自带体香算不算是一种特长……

婉容

这个，不服不行，绝了。

大明张皇后

明孝宗为我发明了世界上第一把牙刷，算不算后宫发明家的扛把子？

历史达人文绣

顶礼膜拜。

大清孝和睿皇后

大家都说完了？我也想加一个小组。

武则天

嗯？

中华后宫第一群（101人）

大清孝和睿皇后：哀家活了七十四岁，是所有皇后里待机时间最长的，这个没有争议吧？

长孙皇后：还真是，虽然我也做了十年皇后，但只活了三十六岁……

长孙皇后：😔

大清孝和睿皇后：所以，哀家觉得应该有一个养生组。

武则天：来来来，群里寿命过七十岁的姐妹举个手。✌

王政君：✌

孝庄太后：✌

✏️ 香妃来自今新疆少数民族地区，据说体有异香，颇得乾隆宠爱。

✏️ 明孝宗为张皇后发明了世界上第一把牙刷，不知道为什么她那样注重口腔健康。

🖉 历史上有很多长寿的后宫女子,其中以清朝为最。

🖉 传说上官婉儿发明了著名的落梅妆,后来宫内外都流行这一妆式。现代影视剧也沿袭了这一传统。

上官婉儿也是一位美妆达人

第四章

对社会有副作用的人

本章主要登场人物介绍

赵高
秦朝宦官,篡改诏书扶胡亥上位,独揽大权。

李莲英
慈禧时期的总管太监,性格机警圆滑,受慈禧器重。

张让
东汉桓帝、灵帝时期宦官,贪婪成性,祸乱朝政。

魏忠贤
明末宦官,明熹宗时期把持朝政,排除异己。

高力士
唐玄宗时期宦官,极受玄宗重用,权倾一时。

李辅国
唐中期宦官,安史之乱期间拥护肃宗上位。

冯保
明朝著名太监,精通音律书画,政治上颇有建树。

郑和
明朝太监,航海家、外交家。曾七下西洋。

中华后宫第一群（101人）

历史达人文绣
忽然有一种淡淡的忧伤。

赵高
别整天公公、公公的，难道我们没名字吗？

扶苏
父皇那么信任你，培养你当丞相，可你是怎么对我们的？

扶苏
沙丘政变、逆先皇之命、逼俺自杀、指鹿为马……

赵姬
@赵高 🔨

赵高
我只是顺应时势，再说这都是李斯的主意。

赵姬
你这是想甩锅啊！

中华后宫第一群（101人）

扶苏
等一下，我把李斯拉进来，看他背不背这口大黑锅。

武则天
还是算了吧，他不是后宫人士。

子婴
@扶苏 我已经给你报仇了，还夷平赵氏三族。

历史达人文绣
宦官专权导致秦二世而亡，这还不是最惨的。

历史达人文绣
东汉、晚唐、明末的宦官之祸，那才令人发指。

太平公主
据说明朝以前净身手术死亡率高达50%至70%，后来才降到20%，他们是在以命相搏啊！

🖉 扶苏是秦始皇长子，刚毅勇武，为人宽仁，有政治远见。因为直言劝谏父亲，他被送去修长城。

🖉 汉灵帝时期"十常侍"之首张让，爱玩弄权术，致朝纲大乱。传说曹操年轻时曾怀一腔热血，刺杀张让未遂。

🖉 汪直是明代权宦之一，自幼入宫，曾侍奉明宪宗的万贵妃，为人狡猾聪明。因监军辽东有功，总领京兵精锐"十二团营"，开明代禁军掌于内臣之先例。

赵高本来是胡亥的教师，后来介入权力之争，与李斯合作，篡改秦始皇遗诏，令扶苏自尽，胡亥上位。后来又将盟友李斯腰斩。

赵高陷害扶苏，心狠手辣

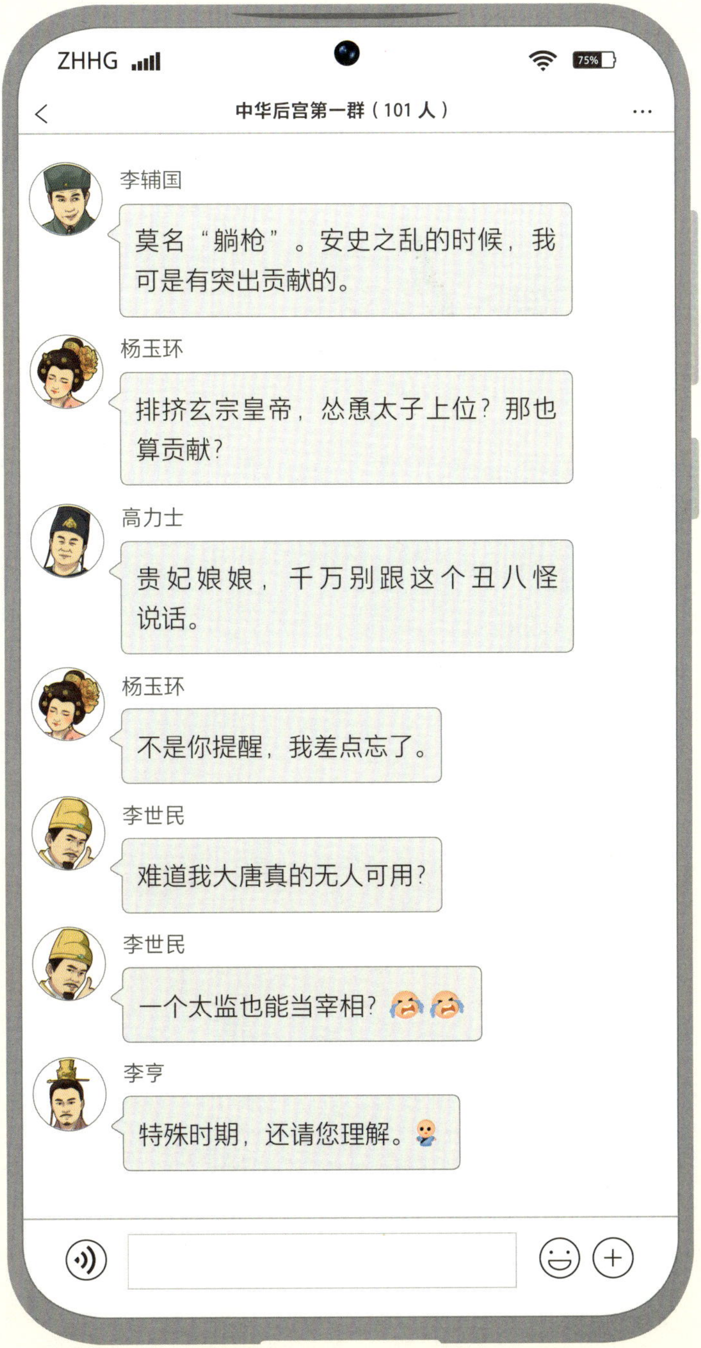

中华后宫第一群（101人）

李辅国：莫名"躺枪"。安史之乱的时候，我可是有突出贡献的。

杨玉环：排挤玄宗皇帝，怂恿太子上位？那也算贡献？

高力士：贵妃娘娘，千万别跟这个丑八怪说话。

杨玉环：不是你提醒，我差点忘了。

李世民：难道我大唐真的无人可用？

李世民：一个太监也能当宰相？

李亨：特殊时期，还请您理解。

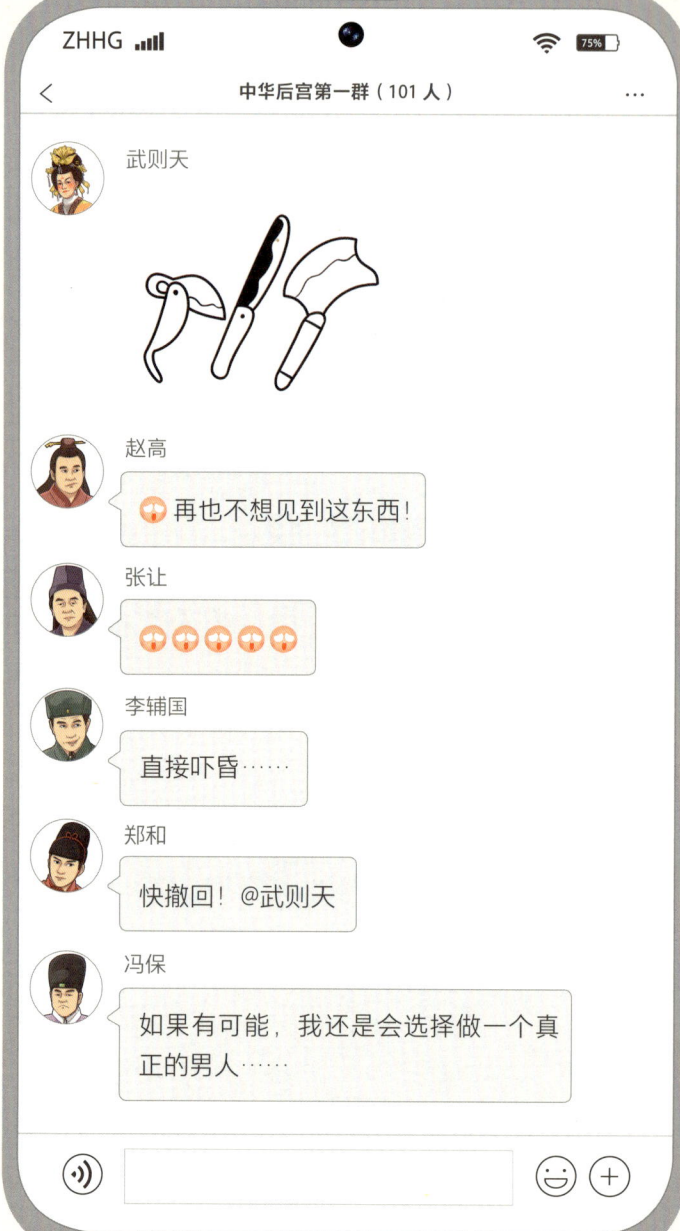

094

趣聊中国史：后宫那些事

中华后宫第一群（101人）

魏忠贤
我失业了，为了躲债……

汪直
当我还是一个宝宝的时候，莫名其妙地被送进蚕室净身了。

王振
你们知足吧，居然有蚕室！

汪直
净身后伤口容易腐烂，必须在密不透风的地方静养百日啊。

王振
没那条件。😶

王振
由于没有任何防风、保暖、静养措施，那酸爽，你们懂的。

郭槐
我的故事浪漫多了。

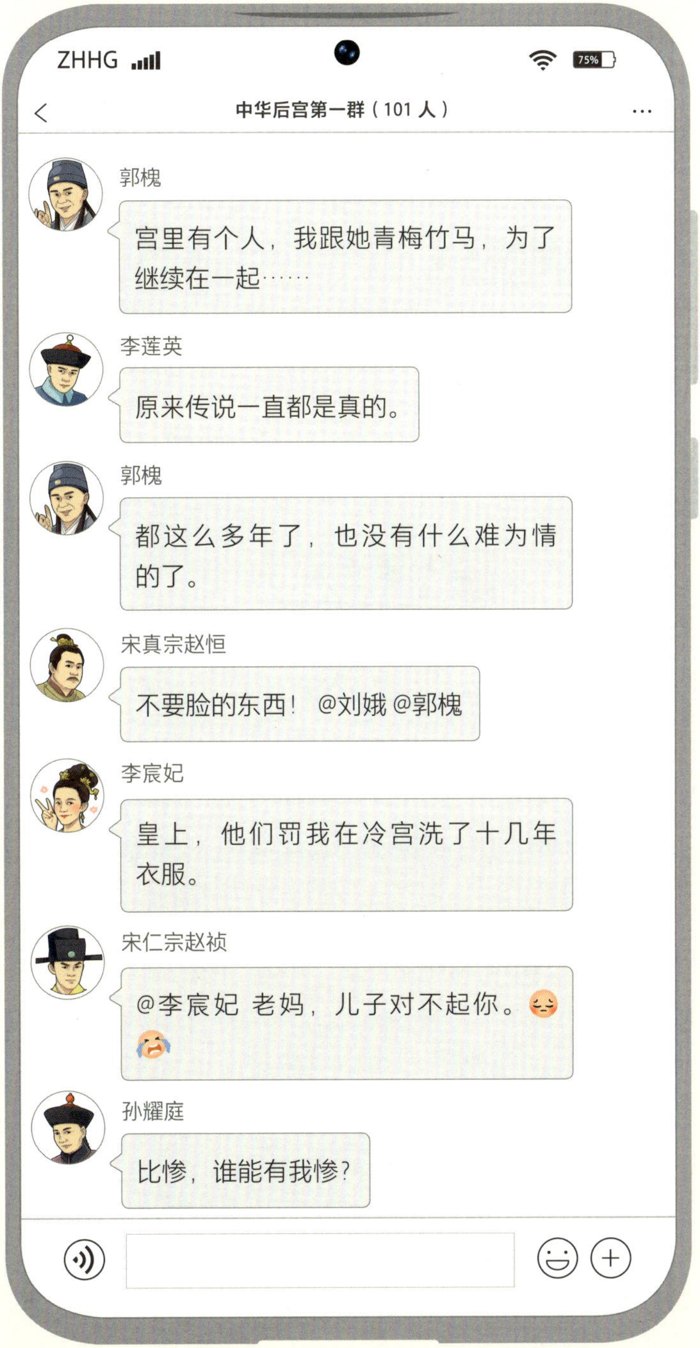

中华后宫第一群（101人）

郭槐
宫里有个人，我跟她青梅竹马，为了继续在一起……

李莲英
原来传说一直都是真的。

郭槐
都这么多年了，也没有什么难为情的了。

宋真宗赵恒
不要脸的东西！@刘娥 @郭槐

李宸妃
皇上，他们罚我在冷宫洗了十几年衣服。

宋仁宗赵祯
@李宸妃 老妈，儿子对不起你。

孙耀庭
比惨，谁能有我惨？

🖉 李辅国相貌奇丑，是唐朝第一个宦官宰相。

🖉 高力士，被封齐国公，有权谋智慧，受武则天赏识，后在神龙政变中投靠李隆基，策划杀韦后及太平公主，为李白脱靴，后在马嵬坡逼杨贵妃自缢。得知唐玄宗驾崩后，高力士吐血而死，时七十八岁。

🖉 古代太监的阉割手术是相当残酷的，被阉割者会因失血过多或过于疼痛而长时间昏迷，止血消炎的措施也非常简单，只是"以灰火傅之"。

🖉 传说北宋太监郭槐是为了照顾刘娥而进宫的,在他的帮助下,刘娥后来一手遮天。

🖉 清朝最后一个太监是孙耀庭。受慈禧身边大太监"小德张"的成功启示,1911年,天津贫民孙怀宝给儿子孙耀庭净身,不久,武昌起义爆发,大清覆亡。

ZHHG 　　中华后宫第一群(101人)

曹节:如果不是太监乱政,大汉怎么会亡?

曹节:有个家伙,连皇上提到他都说,"张常侍是我父"。

张让:呵呵,别忘了你曾祖父也是太监……

中华后宫第一群（101人）

曹操
@张让 鼠辈休走，吃孤一刀！！！

张让
杀我还轮不到你，人家袁绍早就开始行动了。

杨玉环
太监也有正直的，高力士算一个。

李辅国
贵妃忘了，在马嵬坡，就是他逼您自缢的？

杨玉环
当初也是他介绍我认识三郎的……

武则天
@高力士 叛贼！如果不是你，隆基那孙子哪能在神龙政变里出头！

高力士
天后，微臣表面似乎是害了您，实则是救了您。

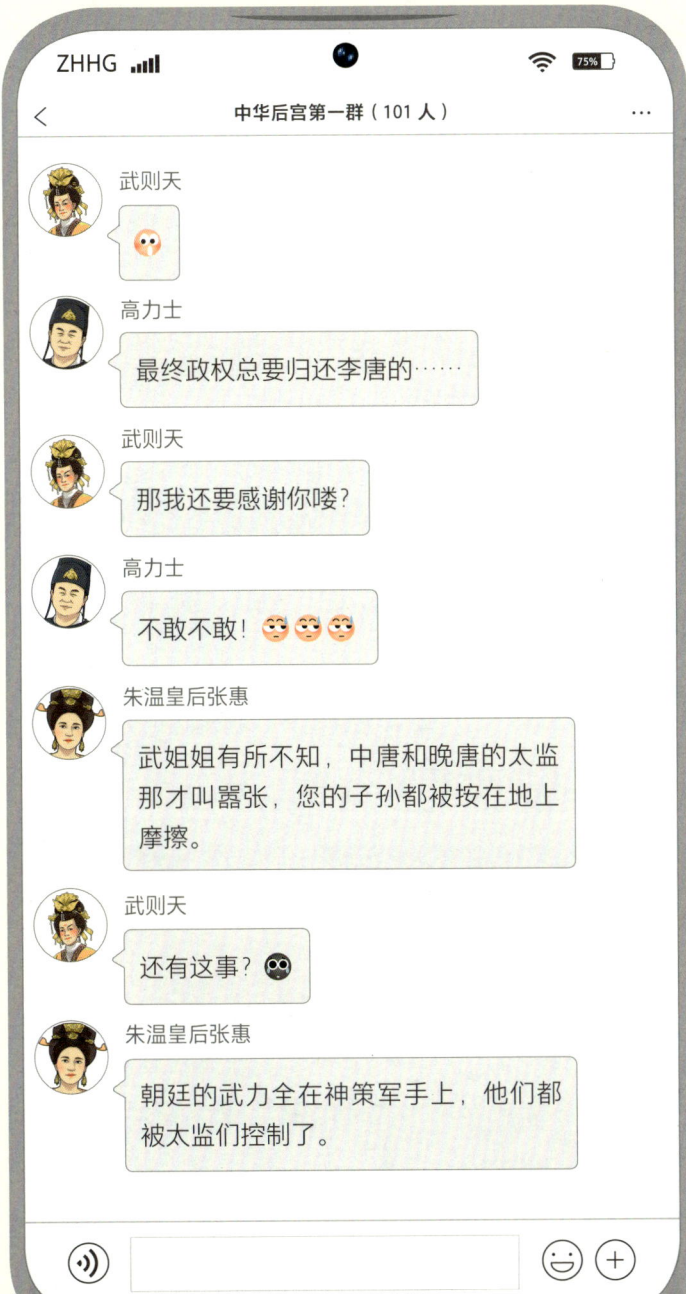

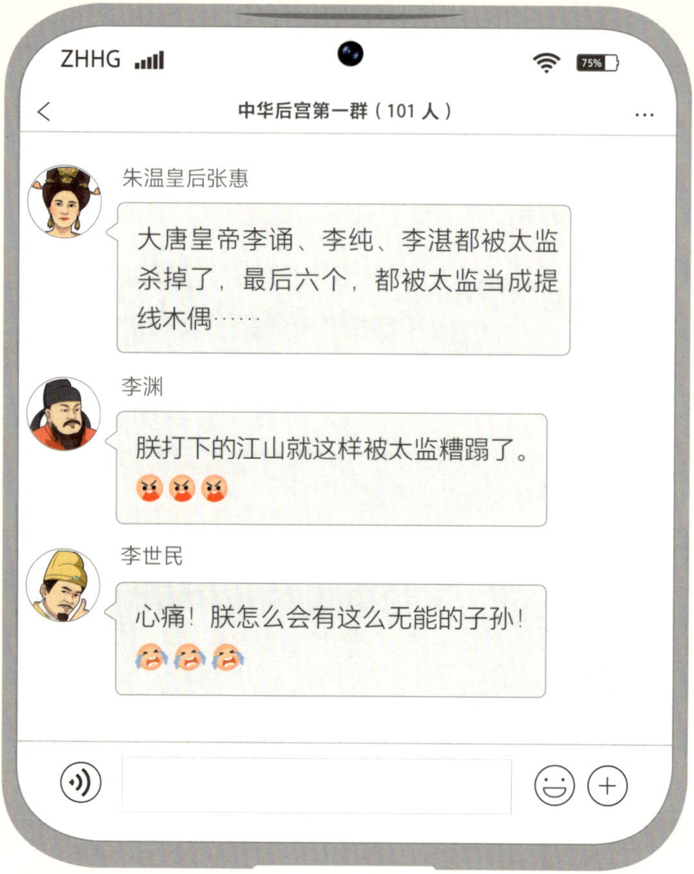
ZHHG
75%
中华后宫第一群（101 人）
朱温皇后张惠
大唐皇帝李诵、李纯、李湛都被太监杀掉了，最后六个，都被太监当成提线木偶……
李渊
朕打下的江山就这样被太监糟蹋了。
李世民
心痛！朕怎么会有这么无能的子孙！

划重点

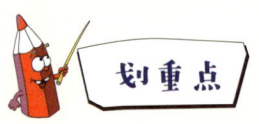

张让是东汉末年“十常侍之乱”的带头大哥，直接导致王朝灭亡。曹操的爷爷曹腾是东汉大宦官，后收曹操的父亲曹嵩为义子。“太监的孙子”这段历史，曹操很忌

讳别人提及。曹操曾将三个女儿嫁给汉献帝，其中一个是曹节。

🖍 当年唐玄宗宠爱的武惠妃因亏心事做得太多而去世，玄宗很伤心。高力士到处寻找可以替代武惠妃的人，后来发现玄宗的儿媳杨玉环很合适，于是创造机会让玄宗娶到了杨玉环，促成了中国历史上最著名的一段爱情。

🖍 安史之乱后的中晚唐时期，李氏的皇帝们一个比一个弱小，朝廷病恹恹的，权力在节度使和太监之间流转。后来太监完全把控了中央权力。直到907年朱温登基，才结束了太监专权的噩梦。

中华后宫第一群（101人）

汪直：看了半天，还数大明的创业环境最好啊！

中华后宫第一群（101人）

 历史达人文绣
> 听说当时宫里太监破万，仅京城周边就有几万人自宫，有的村子数百人尽阉子孙，以图富贵。

 武则天
> 这也太变态了。

 汪直
> 这职业当时是"风口"。

 汪直
> 如果不是后来我远离北京，被东厂那帮小子钻了空子，我还能火二十年。

 万贞儿
> 最坏的太监当数王振。

 万贞儿
> 他多次怂恿北征，结果皇上被瓦剌兵抓了。

 王振
> 不都是为了大明的千秋基业吗？

中华后宫第一群（101人）

 万贞儿

鬼才信，感谢护卫将军樊忠把你给锤死了。

 刘瑾

我只做了一件事：让皇上爱上豹房。

 魏忠贤

然后你趁机掌控东西厂、锦衣卫，杀了数十名高官，连安化王朱寘镭都忍不住反了。

 刘瑾

这手段不算啥……要论综合实力，我只服魏公公。

 刘瑾

有明一代，有谁能做到"九千九百岁""只知有忠贤，而不知有皇上"？

 刘瑾

✏️ 汪直因久镇辽东,与明宪宗逐渐疏远,被东厂提督弹劾,被贬到南京。

✏️ 刘瑾是陕西人,六岁的时候被太监刘顺收养,很懂得察言观色。他把爱淫乐的明武宗哄入豹房享乐,命令东西厂和锦衣卫,杀了朝中数十位正义之士,令安化王朱寘鐇叛乱。1510年他被凌迟处死。

✏️ 魏忠贤大肆捕杀东林党人,后被新君崇祯贬到凤阳,不久便自杀了,死时五十九岁。

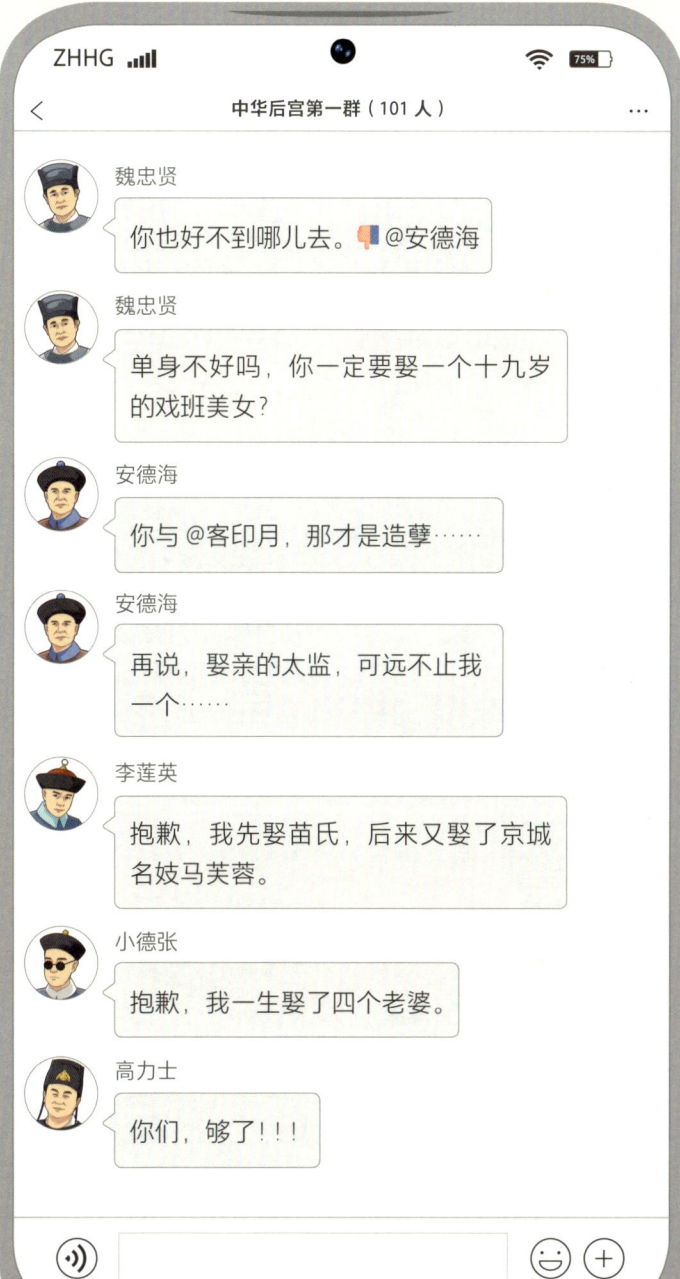

中华后宫第一群（101人）

安德海
高公公是不是也娶过一个姓吕的绝色美人？@高力士

高力士
那是领导安排的……

司马炎的杨皇后
事实证明，男人只有被挂墙上时才会老实。

历史达人文绣
太监娶老婆，不算什么奇观。

曹腾

曹腾
败类太多了，难怪有人说太监是文明的剧痛。

李莲英
曹公公，说起来，你是历史上唯一被追认为皇帝的，堪称行业"卷王"。

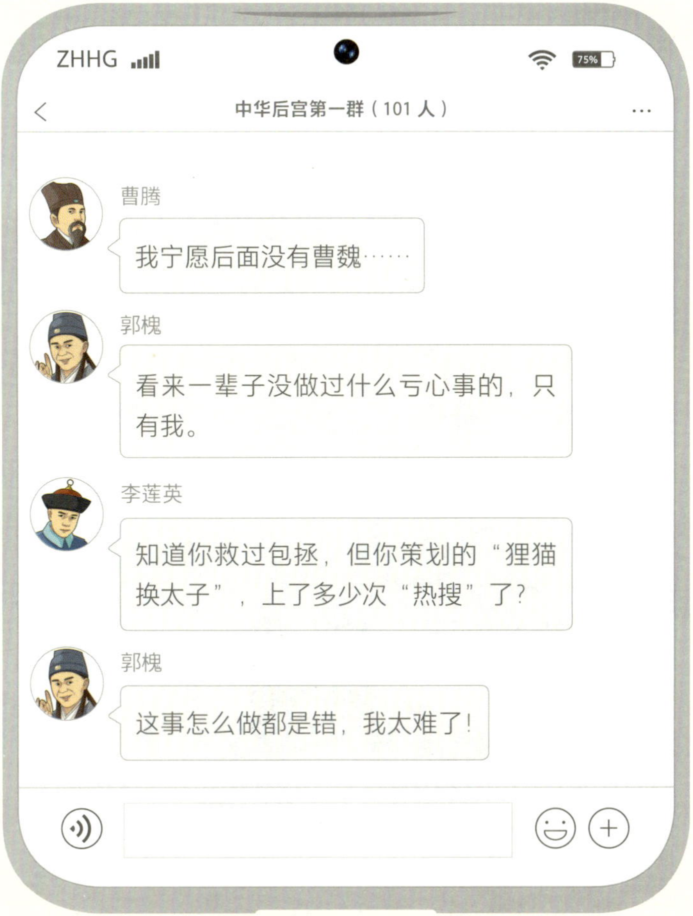

中华后宫第一群（101 人）

曹腾
我宁愿后面没有曹魏……

郭槐
看来一辈子没做过什么亏心事的，只有我。

李莲英
知道你救过包拯，但你策划的"狸猫换太子"，上了多少次"热搜"了？

郭槐
这事怎么做都是错，我太难了！

✏️ 安德海最初是慈禧与恭亲王的信使，奔走于北京及热河之间，是皇家"快递小哥"。辛酉政变重要参与者，后慈安太后指示山东巡抚丁宝桢，在济南将安德海正法。

🖊 司马炎的皇后杨氏是著名的妒后。在她的逼迫下，后宫女子都穿破烂衣服，因为怕引起司马炎的注意后被杨皇后报复。选秀女的时候，杨皇后还故意留下丑女，将漂亮女子全部赶走。

🖊 据说郭槐是"狸猫换太子"的总导演。宋真宗的皇后刘娥无子，就把出身卑微的李宸妃生下的孩子抱走，在摇篮里放入一只血淋淋的死猫，害得李宸妃至死无法与儿子相认。

郭槐与刘娥合作无间

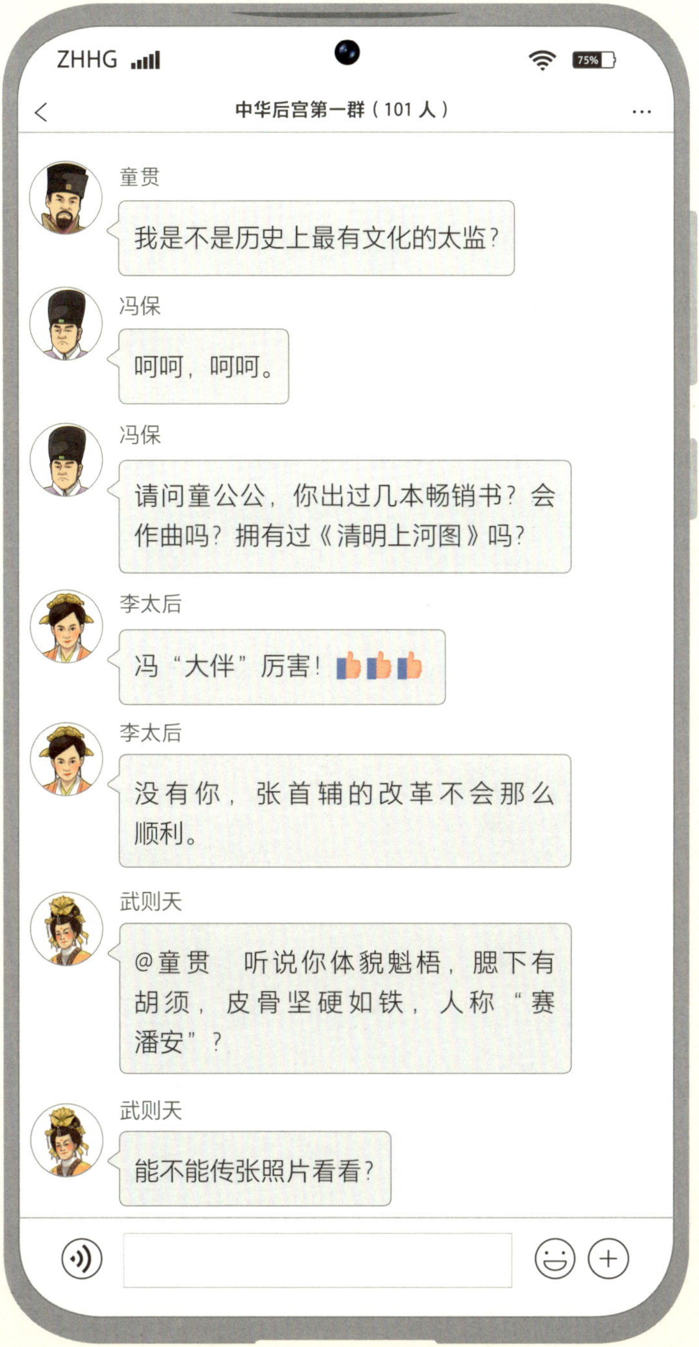

中华后宫第一群（101人）

童贯
我是不是历史上最有文化的太监？

冯保
呵呵，呵呵。

冯保
请问童公公，你出过几本畅销书？会作曲吗？拥有过《清明上河图》吗？

李太后
冯"大伴"厉害！

李太后
没有你，张首辅的改革不会那么顺利。

武则天
@童贯 听说你体貌魁梧，腮下有胡须，皮骨坚硬如铁，人称"赛潘安"？

武则天
能不能传张照片看看？

中华后宫第一群（101人）

薛怀义：天后，你这是在故意气我吗？

武则天：哦，忘了你和易之、昌宗还在群里……

薛怀义：😨😨😨

万贞儿：@李太后 听说皇上十八岁的时候，因为与宫女过于亲密，被冯保告了一状？

李太后：有这事。

万贞儿：可是皇上那时候已经成年了。

李太后：我们都是女人，就算皇帝也不能耍流氓，是不是？

 划重点

✏️ 据说童贯长得有阳刚之气，不像一个太监。武则天喜欢蓄养男宠，其中最著名的三个是薛怀义、张易之、张昌宗。

武则天有许多男宠

✏️ 明穆宗驾崩时，冯保为顾命大臣，同时他也是神宗的"大伴"，登基时站在神宗御座旁，令很多人艳羡及不

满。神宗十八岁时因调戏宫女被他告到太后处，太后差点废了神宗帝位。神宗后下"罪己诏"才过关。冯保曾秘密珍藏《清明上河图》。在事业方面，他积极支持张居正推行改革，是万历中兴的重要功臣。此外，冯保是罕见的有才华的太监，特别喜欢出书，宫中多有手抄本，同时他还是音乐家和书法家。

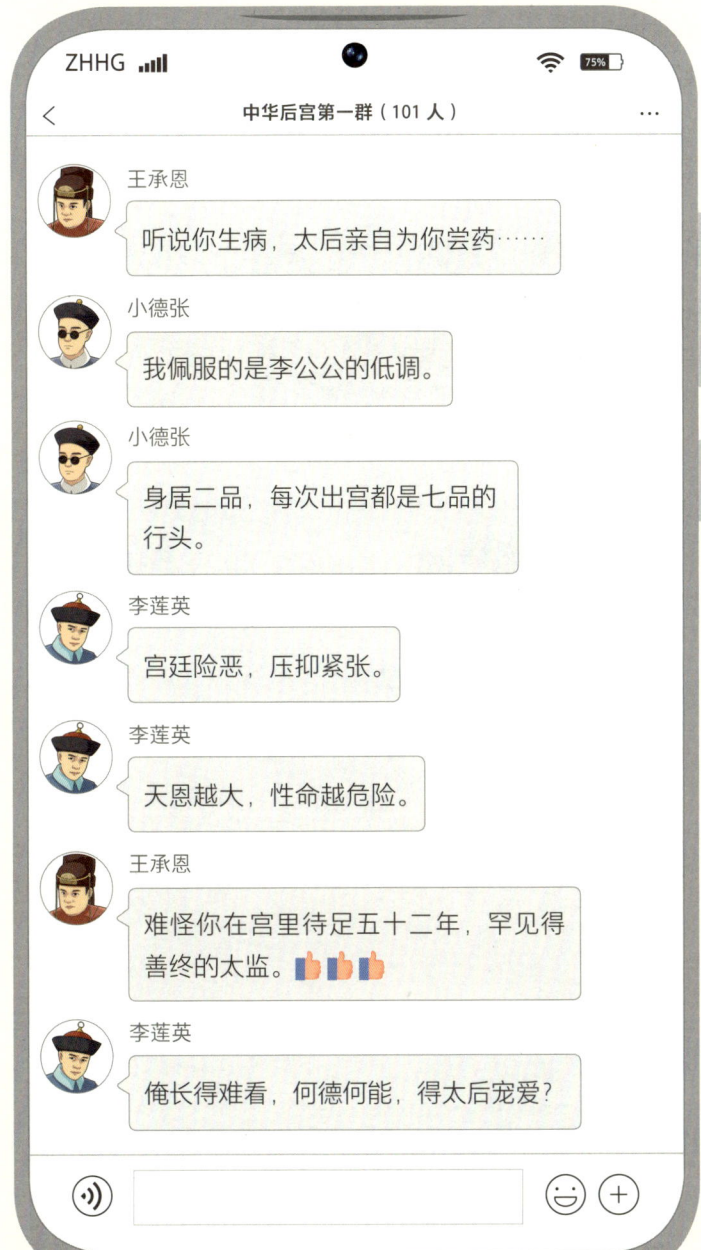

中华后宫第一群（101 人）

 李莲英

 武则天

 武则天

请原谅我这个"颜控"。

 李辅国

说实话，比我还要漂亮一点。

 李莲英

俺长得潦草，才华有限，唯一能做的，就是拼尽全力，夙夜在公……

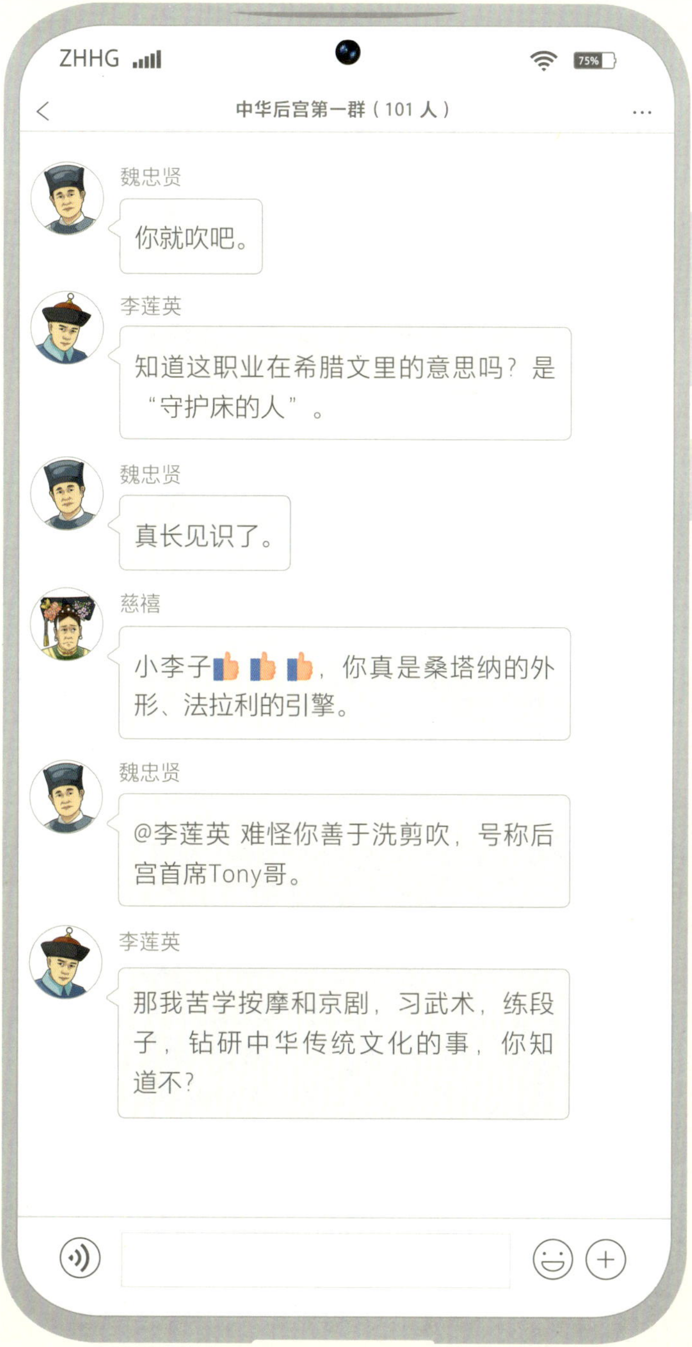
ZHHG
75%
中华后宫第一群（101 人）
魏忠贤
你就吹吧。
李莲英
知道这职业在希腊文里的意思吗？是“守护床的人”。
魏忠贤
真长见识了。
慈禧
小李子👍👍👍，你真是桑塔纳的外形、法拉利的引擎。
魏忠贤
@李莲英 难怪你善于洗剪吹，号称后宫首席Tony哥。
李莲英
那我苦学按摩和京剧，习武术，练段子，钻研中华传统文化的事，你知道不？

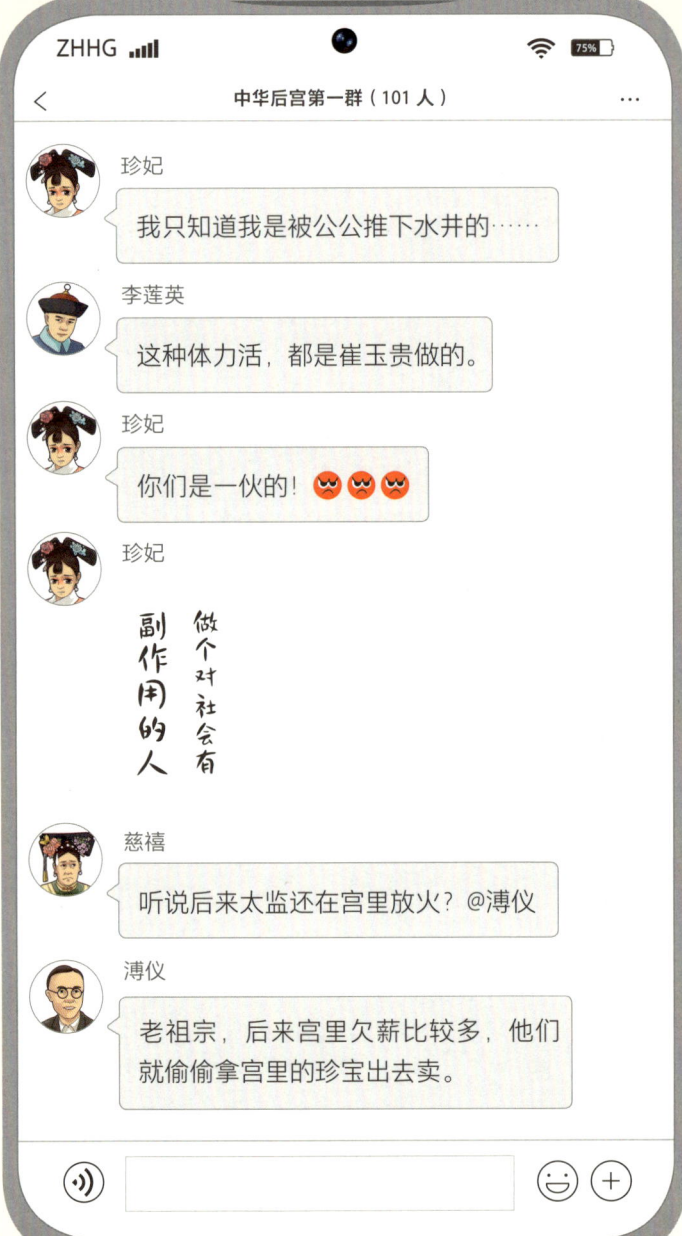

✏️ 慈禧、李莲英指使太监崔玉贵将珍妃推入水井而死。

✏️ 1923年6月,紫禁城突发火灾,烧毁大量宫殿,据说因为被严重欠薪,太监们监守自盗,后来为了毁灭证据而纵火。

李莲英善于两面讨好，做人八面玲珑，在宫内始终立于不败之地。慈禧与他几十年形成的感情非同一般。她甚至打破"太监品级以四品为限"的皇家祖制，封李莲英为正二品总管太监，统领全宫所有宦官。李莲英一生陪伴慈禧太后近五十二年。

中华后宫第一群（101人）

蔡伦：不能因为生活给你苦难，就沉沦堕落！

冯保：哟，大发明家来了。

蔡伦：谁能想到树皮、破布、麻头、渔网放一起，能造出纸来……

冯保：那些写诗作词的，都要感谢你，不然他们的作品都会湮没无踪。

划重点

✏️ 蔡伦十五岁做了太监，很有文化，先由窦太后提拔，后投靠皇后邓绥。他利用工作之便，改进了造纸术，发明了"蔡侯纸"，堪称太监之中的发明家。

✏️ 司马迁为将领李陵说话，被愤怒的汉武帝处以宫刑。司马迁没有沉沦，发愤写出著名的《史记》，终成一代大家。

司马迁发愤著书

🖉 郑和,初为罪臣之后,后被大将蓝玉净身送给朱棣,是靖难之役的大功臣,深得宠信。他也是中国历史上唯一的太监船长和外交家,精通作战。郑和七下西洋,共耗时20多年,去了30多个国家,民间盛传他打着"宣扬大明威德"的幌子,实际上是奉朱棣之命,寻找失踪的建文帝朱允炆。

🖉 上官婉儿、太平公主、杨玉环、花蕊夫人、香妃等,是后宫著名的爱美女子。

第五章

始于风花雪月
终于一地鸡毛

本章主要登场人物介绍

钩弋夫人
汉武帝的嫔妃，赵氏，传说天生双手握有玉钩。

大明马皇后
明太祖朱元璋的结发妻子，身居高位不改勤俭本色。

武惠妃
武则天的侄孙女，唐玄宗宠妃，子嗣多却早逝。

郑贵妃
明神宗的皇贵妃。因过于受宠，引发诸多风波。

刘娥
宋真宗的第三任皇后，掌握朝政直至去世。

王娡
汉景帝的第二任皇后，汉武帝的生母。

韦贤妃
宋徽宗的嫔妃，靖康之难时和徽宗一同被金人掳走。

班婕妤
汉成帝的妃子，著名才女，以辞赋见长。

中华后宫第一群（102人）

 慈禧
> 群主，做你的子孙很不容易啊，好多人都死于非命。

 韦后
> 最可怜的是我儿重润与永泰郡主，因为被人诬告私下议论张昌宗、张易之兄弟擅政的事被赐死，重润死的时候才19岁。

 王皇后
> 还有那个刚出生的女婴，我都没碰过她。😭😭😭

 武则天
> 孩子们不会怪我的，否则死的人更多。

 韦后
> 他们俩是陛下的亲孙子、亲孙女啊！

 武则天
> 为了天下……

第五章 始于风花雪月 终于一地鸡毛

✏️ 武则天的孩子大多数被她作为政治角力的工具，想杀就杀，想废就废。

✏️ 钩弋夫人生下太子刘弗陵后，晚年的汉武帝总是怕吕后悲剧重演，令其自杀。

中华后宫第一群（102人）

杨玉环: 能怪谁？你害死太子，最后自己活活把自己吓死了。

武惠妃: 儿媳妇，我劝你善良。

薄太后: 一个女人，最大的骄傲就是她的儿子。@汉文帝刘恒

窦漪房: 婆婆，皇上不在这个后宫群。

薄太后: 听说最近江村大墓被后人发现了。

窦漪房: 今天在视频平台上刷到了。😭😭😭

武则天: 最牛的大墓，是它明明在眼前，就是不敢挖，或者挖不开。

第五章 始于风花雪月 终于一地鸡毛

🖉 武惠妃为青梅竹马的唐玄宗生了七个孩子，但她为了维护自己的权力，不惜诬告害死太子等几位皇子，结果晚上经常做噩梦，后来被活活吓死了。她死后，唐玄宗才跟杨玉环开始他们的感情。

🖉 武则天和李治的乾陵历经风雨，始终未被盗墓者成功进入，对此还有很多离奇的传说。

✏️ 2021年,位于陕西省西安市白鹿原的江村大墓,被确认为汉文帝刘恒的霸陵,这是中国考古的年度大事。

江村大墓与窦漪房的陵寝相距不远

ZHHG

中华后宫第一群（102人）

孝庄太后

最幸福的生活，就是能帮助和看到孩子们实现理想。

孝庄太后

看看康乾盛世，大好河山……

大宋曹皇后

我一生无子女，也曾经辅佐三位皇帝。

晋康帝皇后褚蒜子

比数量是吧？我三度临朝称制近四十余年，共辅佐六位皇帝……

刘娥

质量更重要……看看祯儿。

李宸妃

那是我儿子，不是你儿子。

刘娥

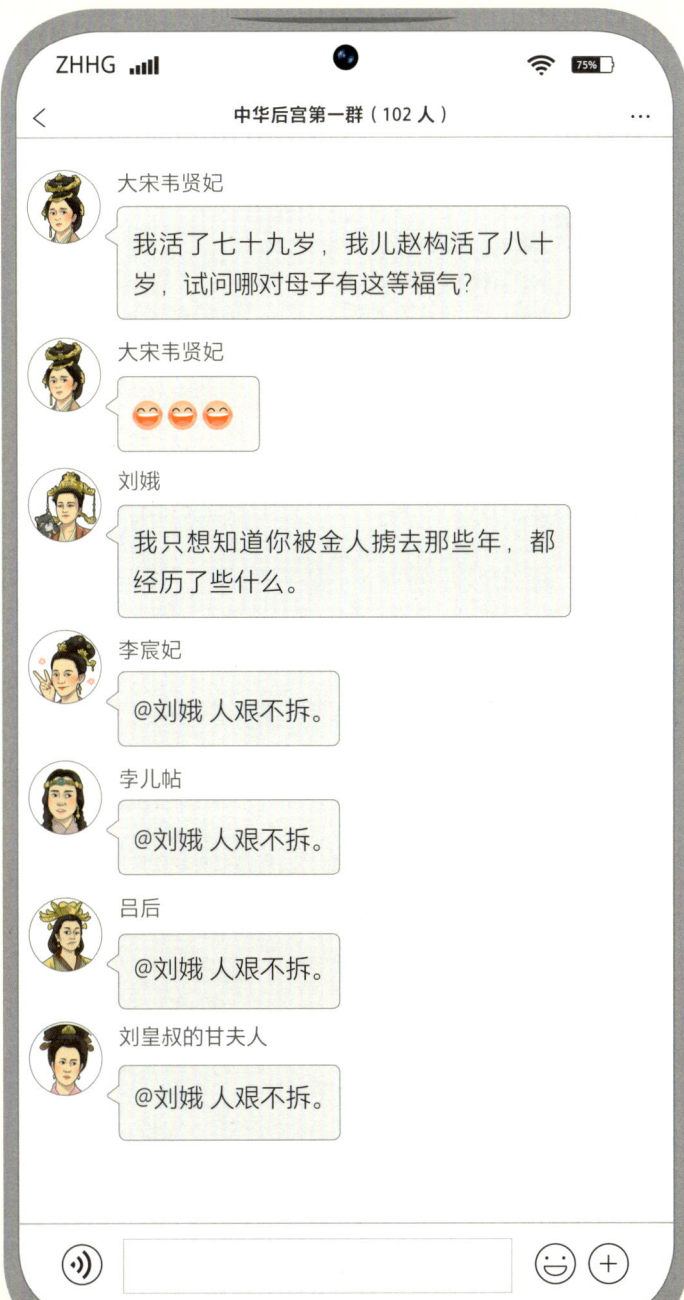

中华后宫第一群（102人）

慈禧

你们俩真是千古冤家，如影随形。@刘娥 @李宸妃

大明马皇后

可怜我的标儿，眼看就要登基，忽然……

大明马皇后

还有允炆，现在都下落不明。

慈禧

那要问你另外一个儿子朱棣喽。

慈禧

唉，我儿子驾崩那年，才十九岁。

珍妃

谁让他不洁身自好，那病好可怕。

慈禧

贱婢大胆！

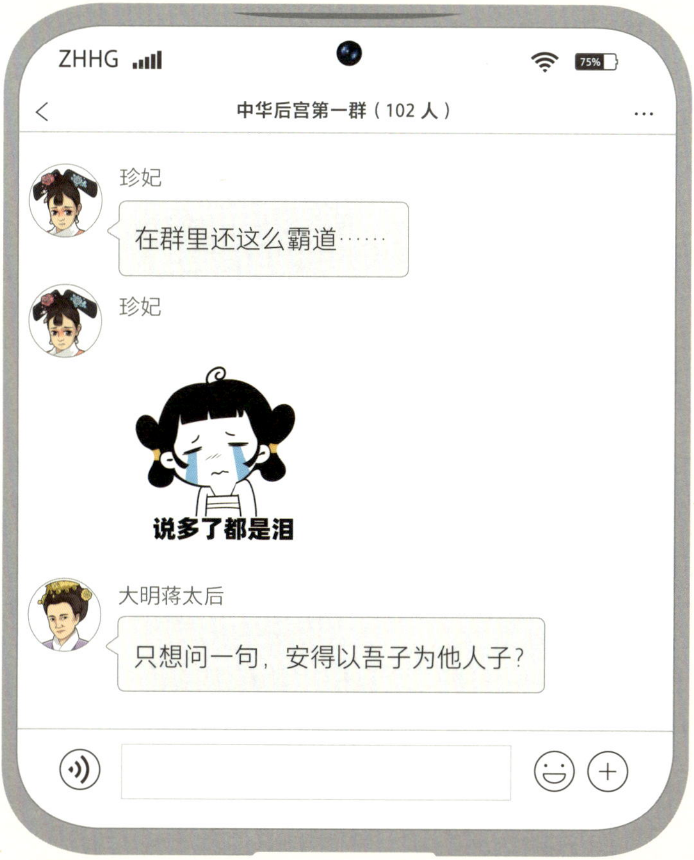

聊天记录

珍妃：在群里还这么霸道……

珍妃：[表情：说多了都是泪]

大明蒋太后：只想问一句，安得以吾子为他人子？

📝 说起辅佐皇帝的能手，孝庄太后曾辅佐顺治和康熙；北宋的曹太后自己无子，却辅佐了三任皇帝；褚蒜子最多，辅佐了六任皇帝。

✎ 南宋开国皇帝赵构与他的母亲韦氏均长寿。中年以后,赵构再无生育功能,只能立一个过继来的儿子接班。

✎ 许多帝王夫人有过被俘经历。孛儿帖是成吉思汗的妻子,新婚不久曾被人抢走,激起成吉思汗的斗争欲望,后来生下四子五女;吕雉曾被项羽俘虏;刘备的老婆甘夫人(刘禅的生母)也曾经被敌人俘获。

✎ 马皇后所生的太子朱标早逝,朱元璋不得不传位给皇太孙朱允炆,这为后来的朱棣(也是马皇后所生)谋反埋下了地雷。

✎ 传说慈禧的儿子同治皇帝十九岁的时候因花柳病去世。

✎ 明朝蒋太后的儿子(嘉靖皇帝)本来不是皇位人选,后来因明武宗驾崩,后继无人,被拥立为皇帝。但朝臣认为依礼制必须称已故的亲生父亲兴献王为叔父、蒋太后为叔母。蒋太后觉得名不正言不顺,坚持不入京,并说:"安得以吾子为他人子"?后来朝廷让步,给了她名分,她才入宫。

羊献容

有谁像我这样,在皇后这岗位五下六上?

 武则天

这个后宫纪录是你的了。

 郑贵妃

我折腾一辈子也没入主中宫,这难度系数太高了。

 大宋曹皇后

@郑贵妃 看头像,你长得真漂亮,这么美的脸,唯一的缺点是没长到我头上。

 班婕妤

@大宋曹皇后 俘获君王是门艺术,他不翻你的牌子是有原因的。

 班婕妤

但千万别羡慕那些美女,她们容易得宠,但也很容易招来杀身之祸。

✏️ 晋惠帝永康元年（300年），羊献容被立为皇后。四年后，陆续经历废后、复立、再废、三立、三废、四立、四废。306年，五立；311年，五废。318年，她最后一次被立为皇后。

✏️ 郑贵妃：明神宗朱翊钧的皇贵妃，明恭宗（福忠王）

朱常洵之母。宠冠后宫长达三十八年之久。神宗一直努力想立其为后，命礼部置办册立郑皇贵妃为皇后的典礼仪仗，还未举行册立礼，神宗就驾崩了。

郑贵妃宠冠后宫，但最终没能成为皇后

曹皇后是宋仁宗的皇后，长相平庸，一生在后宫种田养蚕，实际上过着冷宫的生活。

中华后宫第一群（102 人）

张嫣：你们的命都比我好！😭😭😭

张嫣：看看我，十岁出嫁，被软禁二十多年，一辈子都是处子之身……

武则天：可怜你几秒钟。@张嫣 👶👶👶

慈禧：你外祖母吕雉做的坏事太多，你那是在为她买单。

薄氏：那为什么我生性善良，从无过错，后来也被废后？

慈禧：你的靠山薄太后倒了啊，所以感情基础还是要有的。

上官氏

你们这些都不够奇葩，谁像我一样，才十多岁就成了太皇太后？

慈禧

你赢了！@上官氏

上官氏

我能怎么办？
我也不想这么棒棒呀

历史达人文绣

再深的伤口也会愈合，无论它曾如何痛彻心扉。👶👶 @羊献容 @大宋曹皇后 @张嫣 @薄氏 @上官氏

武则天

传说隋炀帝的皇后萧氏迷倒五个大佬：宇文化及、窦建德、突厥藩王、唐太宗和东突厥可汗。

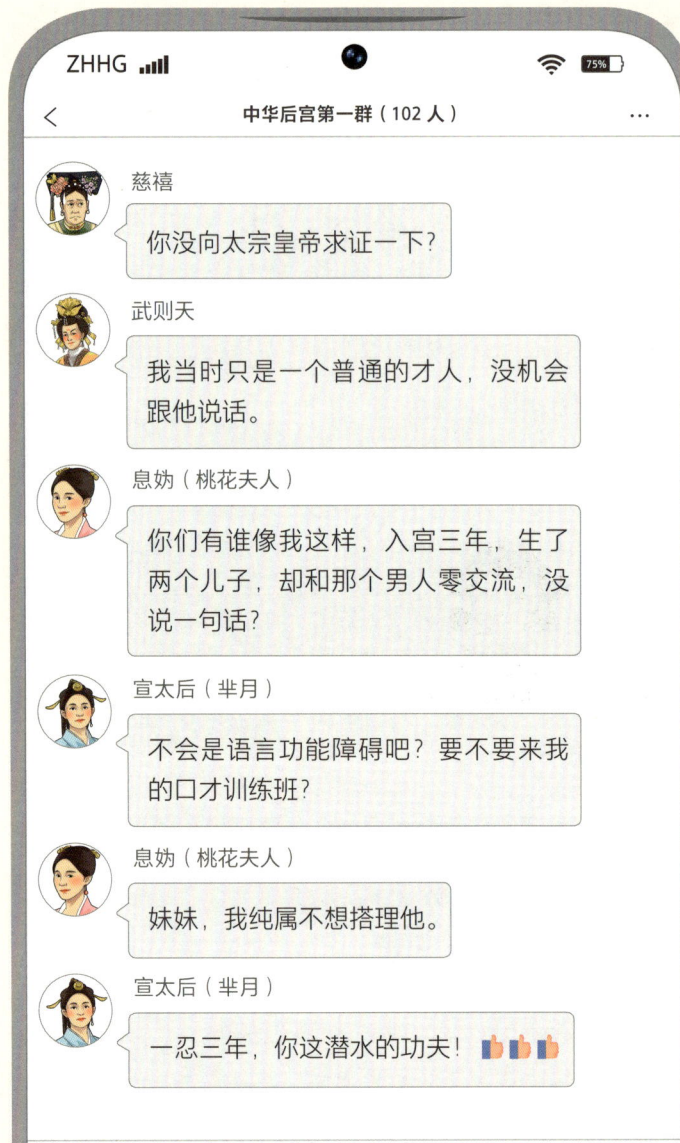

划重点

✏️ 张嫣是西汉第二位皇帝刘盈的皇后。她十岁出嫁,四年后刘盈死,吕氏被灭族,作为尚未成年的寡妇被废,一生孤苦。

✏️ 薄氏是汉景帝刘启的皇后,两人没有什么感情,完全是维持长辈指定婚姻。薄太后去世后,她被刘启当即废黜。

✏️ 上官氏是历史上最年轻的太皇太后,六岁就嫁给十一岁的汉昭帝,后守寡三十多年。

✏️ 息妫是春秋初期陈国的公主。本系息侯夫人,楚文王灭掉息国后掠其为宠妾。也有说法称因其埋葬地遍植桃花,所以被称为桃花夫人。《列女传》《吕氏春秋》《左传》都有记载。

✏️ 古装电视剧《芈月传》中的女主角,历史原型为秦宣太后,是中国历史上第一位太后。

王娡是历史上第一个"二婚"的皇后。她入宫前曾嫁给金王孙,生了一个女儿叫金俗。因为她母亲算了一卦显示大吉,故强行催女儿离婚,并将其送入太子宫中。后来,果然得到汉景帝刘启的宠爱,一辈子贵不可言。

王娡是第一个"二婚"皇后

🖊 唐代玉真公主（李持盈）是武则天的亲孙女、唐玄宗的亲妹妹，她在终南山的别墅里养了很多珍禽异兽。

🖊 1657年，董鄂妃生下皇四子，顺治欢喜至极。这个孩子出生后的待遇甚至如同嫡出，之后顺治更是下令大赦天下。然而这个孩子生下不过数月就夭折了，顺治下令追封其为和硕荣亲王，这已经是超越祖制了，其丧葬规格亦逾制，顺治还亲笔写下《皇清和硕荣亲王圹志》。

🖊 乾隆的第一个皇后富察氏先后生过两个儿子，分别在九岁、两岁的时候夭折。

中华后宫第一群（102人）

历史达人文绣
北魏孝文帝元宏的第二任皇后冯润以出轨著称，还有个皇后说："做妓女比做皇后有意思。"

武则天
这句不要脸的话，是北齐武成帝高湛的皇后胡氏说的吧？

历史达人文绣
好记性！！！

历史达人文绣
还有南朝陈武帝陈霸先的皇后章要儿，以一双玉手出名，史料记载"手爪长五寸，色并红白"。

述律平（大辽皇后）
不要提伤心事……跟大臣斗争的时候，我不得不砍下自己的手来殉葬。

历史达人文绣
还有……

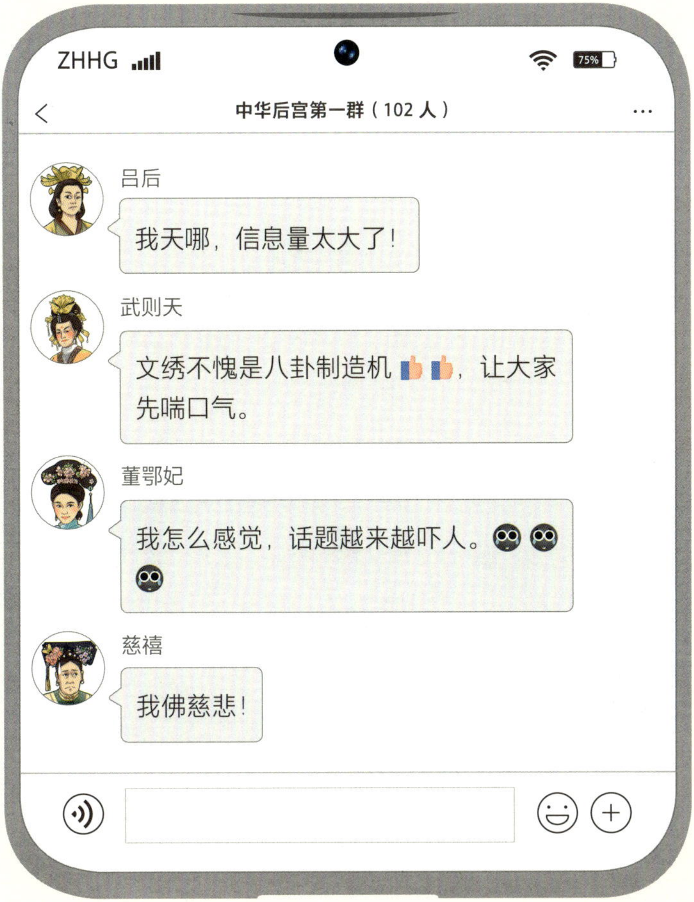

中华后宫第一群（102 人）

吕后：我天哪，信息量太大了！

武则天：文绣不愧是八卦制造机 👍👍，让大家先喘口气。

董鄂妃：我怎么感觉，话题越来越吓人。😱😱😱

慈禧：我佛慈悲！

划重点

✏️ 冯润，魏孝文帝元宏的第二任皇后，又名冯妙莲，谥号为幽皇后。趁皇帝南征，曾与宫中执事高菩萨私通。

✏️ 章要儿是陈武帝陈霸先的皇后。据说她的手指长五寸，颜色都是红白色，每当有亲属去世，就有一个指甲先折断。

✏️ 述律平是辽太祖耶律阿保机的皇后。果断有智谋，多权变。辽太祖即将下葬时，她砍下右手，装入棺木里，作为陪葬品。

上官婉儿
文字是唯一能穿越时间的东西，让我们携手努力，将后宫打造成文化高地。

大唐梅妃（江采萍）
能不能写，那是天赋。

上官婉儿
你唱歌、跳舞、诗词都挺强啊，要不也不会被列入古代帝王后妃"八大才女"。

划重点

梅妃江采萍是福建莆田人,唐玄宗的正一品皇妃,因擅长使石斛珍珠汉方养肤,别号斛珠夫人,自比晋朝才女谢道韫。与杨贵妃争宠失败,被打入洛阳上阳宫。曾写《楼东赋》也未能挽回爱情。公元756年,唐玄宗出逃时没带上梅妃,梅妃以白绫裹身,投井自尽。

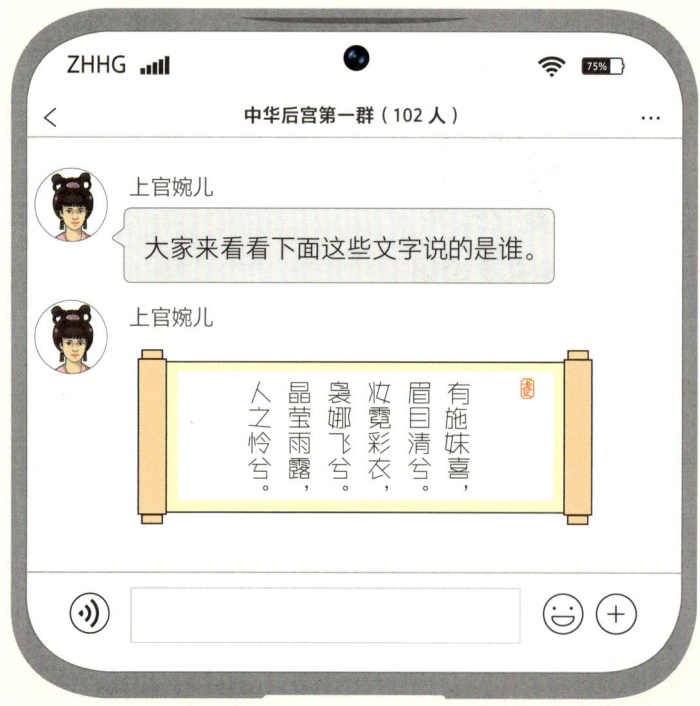

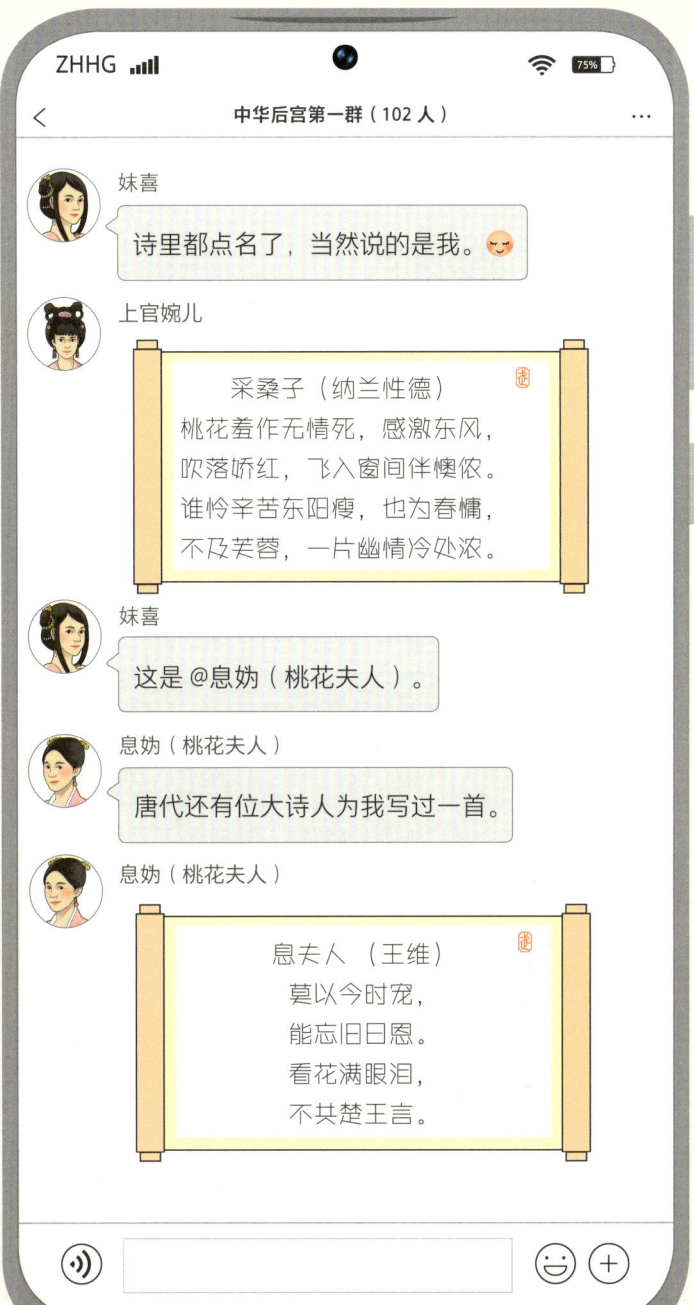

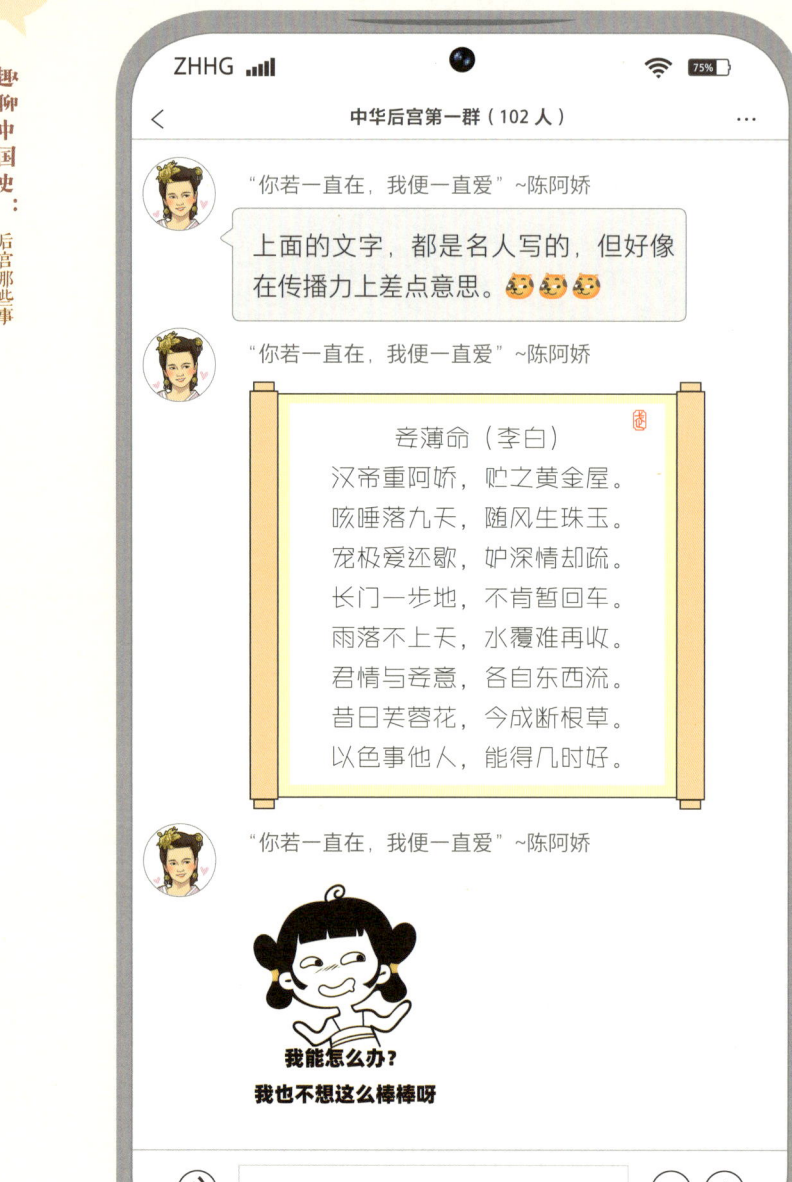

✏️ 妹喜是夏桀的妃子,与妲己、褒姒和骊姬并称"中国古代四大妖姬"。传说她喜欢听绢帛撕裂的声音,还有易装癖——穿戴男人的官帽。

✏️ 很多诗人以后宫人物为题材创作过作品,有的还很知名。李商隐、李白、纳兰容若等都以后宫女子为题材写过诗。

ZHHG 📶   📶 75%

中华后宫第一群(102人)

班婕妤
你们这是在斗诗吗?

中华后宫第一群（102人）

班婕妤

长信秋词（节选）（王昌龄）
奉帚平明金殿开，且将团扇共徘徊。
玉颜不及寒鸦色，犹带昭阳日影来。
真成薄命久寻思，梦见君王觉后疑。
火照西宫知夜饮，分明复道奉恩时。
长信宫中秋月明，昭阳殿下捣衣声。
白露堂中细草迹，红罗帐里不胜情。

上官婉儿

有才有才！🤭🤭🤭

上官婉儿

好像纳兰性德的金句"人生若只如初见，何事秋风悲画扇"，也是化用了你的故事。

班婕妤

他那诗写得真好，太催泪了。

北齐淑妃冯小怜

我本是后宫小人物，但也是有人写诗的。

北齐淑妃冯小怜

北齐二首（李商隐）
一笑相倾国便亡，何劳荆棘始堪伤。
小怜玉体横陈夜，已报周师入晋阳。

巧笑知堪敌万几，倾城最在着戎衣。
晋阳已陷休回顾，更请君王猎一围。

上官婉儿
这首主要是嘲笑你的吧？？？

北齐淑妃冯小怜
不会吧？

北齐贵妃冯小怜

上官婉儿
以你的智商，我很难跟你解释……

✏️ 班婕妤历来是诗人们热衷描写的人物。

✏️ 武则天有很多御用文人,但没有写出什么经典之作,骆宾王参与反武起义,写过一篇非常著名的《为徐敬业讨武曌檄》,一千多年来一直高居骂人文学排行榜第一名。

几吨马屁诗比不上一篇檄文

✏️ 南北朝时期北齐后主高纬的淑妃冯小怜很会做按摩，因此颇得高纬欢心。

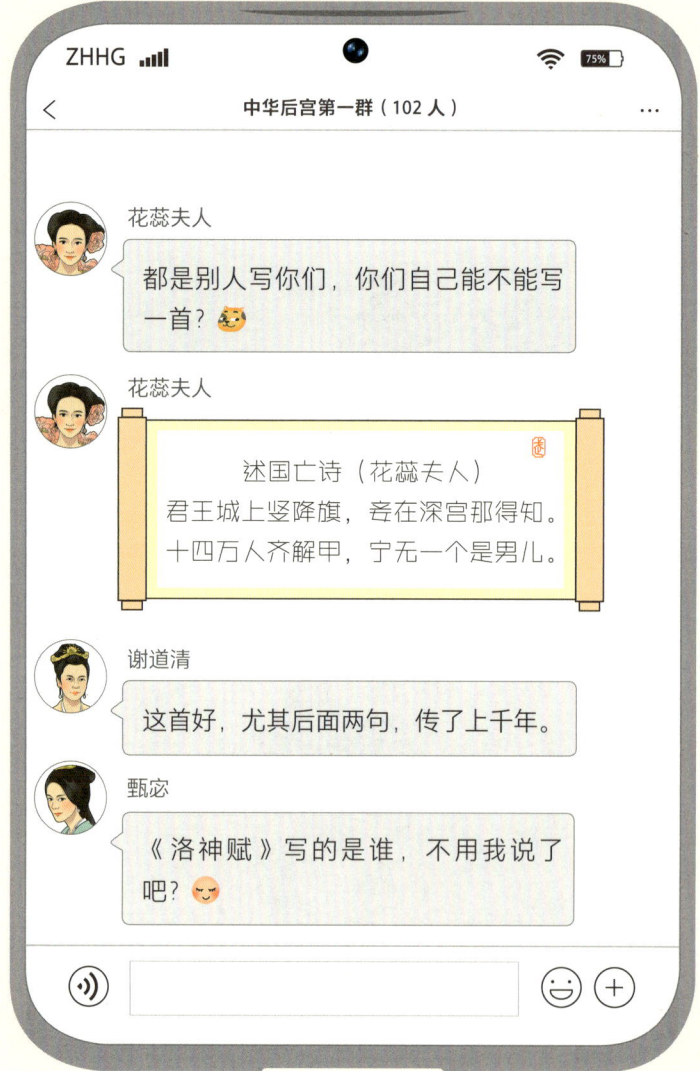

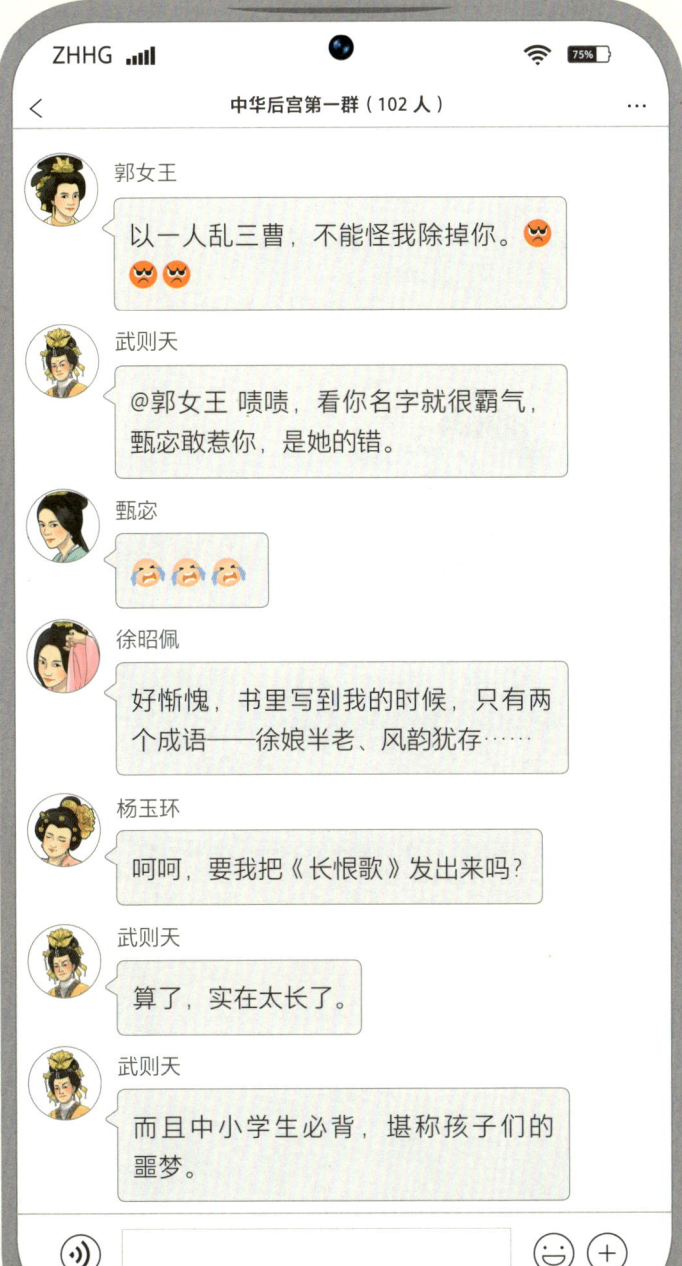

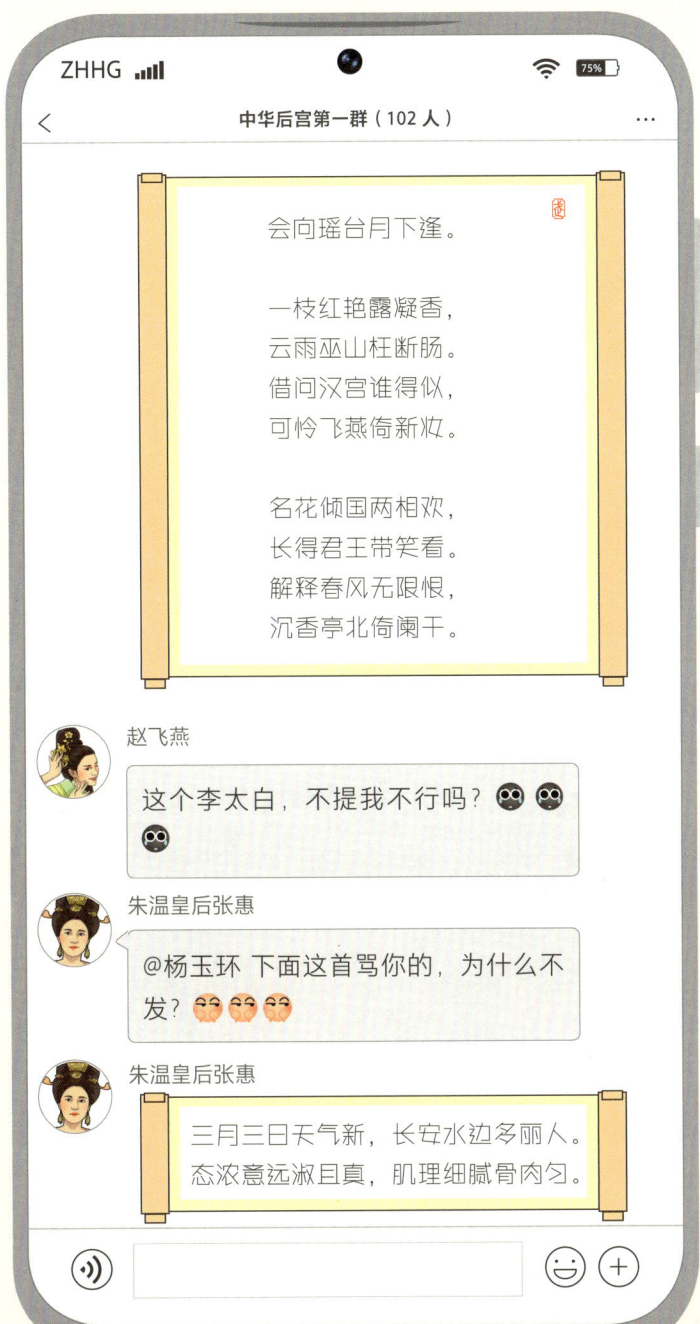

> 绣罗衣裳照暮春，蹙金孔雀银麒麟。
> 头上何所有？翠微㔩叶垂鬓唇。
> 背后何所见？珠压腰衱稳称身。
> 就中云幕椒房亲，赐名大国虢与秦。
> 紫驼之峰出翠釜，水精之盘行素鳞。
> 犀筯厌饫久未下，鸾刀缕切空纷纶。
> 黄门飞鞚不动尘，御厨络绎送八珍。
> 箫鼓哀吟感鬼神，宾从杂遝实要津。
> 后来鞍马何逡巡，当轩下马入锦茵。
> 杨花雪落覆白蘋，青鸟飞去衔红巾。
> 炙手可热势绝伦，慎莫近前丞相嗔！

朱温皇后张惠
玄宗爱杨贵妃，确实是爱惨了。

杨玉环
说过多少次了，安史之乱这口大黑锅，我不背！！！

✏️ 花蕊夫人很有才华,而且作出了千古传唱的亡国名句。同样有亡国遭遇的南宋皇后谢道清与她有共同语言。

✏️ 郭女王是曹丕的皇后,无子女。她蛊惑曹丕处死了甄氏,后来甄氏的儿子曹叡接班,已成为太后的郭女王传说因此忧惧而死。

✏️ 南朝萧绎的正妻徐昭佩是著名的"徐娘半老,风韵犹存"的主人公。

✏️ 杨玉环是唐代三大诗人(李白、杜甫、白居易)都曾提及的后宫大美女,很多人认为她应该为唐朝的衰落负责。杜甫的作品就带这种情绪,以埋怨和控诉为主。